目　　录

汉语意合语法的源流及其基本理念

张 黎

（大阪产业大学）

摘要：本文主要记录和描写汉语意合语法三十多年的成长过程，并对意合语法的基本理念做简明的阐释。文章认为，意合语法是汉语型的认知语法，汉语语法学术范式的革新必须从意合问题做起。意合是汉语言文化的基因，意合语法为汉语语法研究提供了一个不同于形态语法学的学术范式，并向世界语言学界发出了中国声音，讲述了一个中国故事。

关键词： 意合　意合语法　认知类型学　一音一义

零、引言

汉语意合语法这一理念自 1987 年第一次出现在汉语学界以来，至今已有三十五年的历史了。正如一切新理念、新学说的发生和发展一样，意合语法本身在这三十五年的历程中也在不断地发展、不断的变化、不断地完善，至今已成为汉语语法学界引人注目的语法学理论之一。陆俭明先生（2019）在《近百年现代汉语语法研究评说》[1]中认为，意合语法是汉语学界"摆脱印欧语的干扰，用朴素的眼光看汉语"的语法观之一，"对深化汉语语法研究起到了很好的推进作用"。

我们认为，汉语意合语法的产生和发展是汉语语法史上的一件大事，它标志着汉语语法学自我意识的觉醒，它在为汉语语法研究提供了一个不同于形态语法学的学术范式的同时，也向世界语言学界发出了中国的声音，讲述了一个中国故事。

本文主要记录和描写汉语意合语法三十多年的成长过程，并对汉语意合语法的基本理念作简明的阐释。我们希望通过这种历时和共时的回顾和总结，一方面能向学界和读者介绍意合语法的历史发展过程，另一方面也能展示汉语意合语法的基本理念以及学术价值。

一、意合语法的历史源流

1.1 从一个朴素的问题说起

汉语作为人类最古老的语言之一，其历史由来渊远流长。仅从记载汉语的甲骨文字算起已有几千年的文字记载史。而从以文字记载的语料史实来看，汉语一直是以传统小学(文字、音韵、训诂)为其主要学术范式的。不过，1898年对于中国语言研究来说，是一个特殊的年份。因为在这一年，作为中国语言学史上的第一部语法学著作《马氏文通》横空问世，从此中国语言学史上平添了一个学问：语法学。

那么，一个朴素的问题是：为什么直到1898年我们才有语法这门学问？《马氏文通》的问世，给我们提出了一系列的严肃问题：为什么中国传统小学中没有语法学？为什么《马氏文通》能在1898年横空问世？难道我们的前人竟如此无知，以至于连语法这样的学问也只能依靠西方的学术范式才能建构吗？

不可否认，《马氏文通》的问世，对于中国语言研究来说，的确是一个历史性的大事件。《马氏文通》的问世不仅给汉语学界提供了一个西方语法学的框架，而且也因此改变了汉语研究的学术范式。从此，传统小学由盛变衰，从显学变为隐学。而语法学则从无到有，由隐变显。不仅如此，更为重要的是，中国的语言研究由此走上了跟随西方语言学潮流、忽略汉语研究传统的西方理念主导之路。

其实，从传统小学的学术范式到《马氏文通》所带来的学术范式的转换，不能不说是中国语言学学术史上一次最大的变化。带来这种世纪性变化的本质是在中西文化接触中、以《马氏文通》问世为代表的西方语法理念和中国小学传统文化的碰撞和冲突。在这种文化碰撞和冲突中，在世界的东方和西方，如果以《马氏文通》诞生为坐标，其诞生的前后，对于汉语及汉语语法，东、西方志士仁人也曾有过各种各样的探索和思考。这些跨世纪、跨国籍的探索和思考正是产生汉语意合语法的历史渊源之一。

1.2 舶来汉语观

1.2.1 汉语神秘论和无语法论

在早期中、西方文化交流中，西方人对陌生的汉语的认识，往往先是停留在汉语神秘论或无语法论的水平上。P. louis Le Comte 在其所著《中国近事报道》[2]中写到："中国语言与目前世界通用的语言没有任何类似之处，无论在说话的声音上，在字的发音上，还是在概念的组合上，都无任何共同之处。在这种语言中，一切都是那么神秘。"早期的西方传教士利玛窦和金尼阁在《利玛窦中国札记》[3]中也说"中文或许是所有语言中最模棱两可的了"。

在《马氏文通》以前，西方人往往按印欧语系语法来看汉语，因此除了汉语神秘论之外、汉语无语法也是一般人的认识。高名凯在《汉语语法论》[4]中说"汉语有语法没有? 这是一般人所发出的疑问。我们常常听见人家说汉语并没有语法。这不但是出诸一般人之口，就是西洋的语言学家也曾发过同样的议论。19 世纪的博布和施来格(Schlegel)就是提这种论调的人。大体说起来，所谓汉语没有语法有两个意思。一是把语法同语法学混在一起看。一是根本不承认汉语有语法，或认为汉语语法很贫乏。"

显然，汉语无语法论是以形态丰富的印欧系语为基准看汉语所得出的结论。如果语法内涵就是指以形态为主的语法范畴和以形态为主的词性划分以及句子成分间的形态上的一致关系的话，那么汉语的确可以说是没有这种形态语法。不过，作为人类最古老的语言之一，汉语是有自己的组织之法的。当然，这种组织之法同形态型语法是不一样的。对于这一点，以西方语言为基准、视形态型语言为中心的西方人士是难以想象的，也是不愿承认的。

1．2．2《马氏文通》前的西方传教士对汉语语法的直觉

《马氏文通》一直被认为是汉语语法学的开山之作。但周法高(1980)[5]写到："马建忠的《马氏文通》虽然是第一部中国人受了西洋语法影响而写成的著作，可是在他之前已经有不少西洋人写的中国语法书了，例如 1682 年已有西文的中国语法出现(参高迪 Henri Cordier 的《中国书目 Bibliotheca Sinica, 1904-08》Col. 1650)，以后又有马士曼(Joshua Marshman)的《中国言法》(Elements of Chinese Gmammar, 1814)、雷暮沙(Abel Remusat)的《汉文启蒙》(Elements de grammaire chinoise, 1822)、儒莲(Stanislas Julien)的《汉文指南》(Syntaxe nouvelle de la langue chinoise, 1866)、甲柏连孜(Georg von der Gabelentz)的《汉文经纬》(Chinesische Grammatik, 1881)等是比较著名的"。

旅日学者何群雄(2000)在《中国语文法学事始》[6]一书中，更是具体地介绍和研究了几位西方传教士所写的关于中国语的研究成果。在这些著作中，不乏真知灼见，对今人也是有启发的。比如，被何群雄视为很可能是世上刊行的第一部中国语语法书的 《官话文典》(Francisco Varo: Arte de la lengua mandarina; canton 1703)有如下论述：

"西洋语言的文字是有限的、但音节是无限的。与此相对，汉语官话的文字是无限的，音节却是有限的。汉语官话据据 364 左右的音节可以表达所有世象。不过，加上声调的话，其数目达 1525 个左右。仅以如此少的音节就可以表达世间所有物质和其性质，以及人的各种知识和感觉。有人认为，汉语官话音节太少，是一种未进化语言。这大错而特错，汉语官话是文学性的语言。汉语官话中有很多文字和类义词，为了避免同音冲突，在说话中常使用双音节语言，书写时使用不同的汉字。这是由于他们的文字不是罗马字，而是汉字。因为汉字是直接表达思想的，所以依靠汉字可以防止混乱。"

一位西方人，能在十八世纪初就有如此之见解，实为难能可贵。但实事求是地说，早期西方传教士们关于汉语及汉语语法的论说，大都是为其传教服务的，因而很多观点虽不乏真知灼见，但却大多停留在直觉水平上，未形成专论，也未产生很大影响。而真正有专论、且产生了巨大影响的，当属德国学者洪堡特(Wilhelm von Humboldt)。

1．2．3 洪堡特汉语语法论

在西方学者的汉语论中，普通语言学创始人、语言哲学的奠基者洪堡特(Wilhelm von Humboldt)的汉语论精辟深刻，影响巨大。洪堡特对于普通语言学的贡献可大体概括有三：一是他探讨了语言的本质和功能、语言和思维的关系、语言的文化内涵等具有普遍意义的理论问题，为现代语言学思想奠定了基础；二是语言民族精神论。他认为：一个民族的语言就是它们的精神，一个民族的精神就是它们的语言。三是根据语言类型学的理念把世界的语言区分为孤立语(isolating languages)，黏着语(agglutinative languages)和屈折语(inflectional languages)，这就奠定了语言形态类型学基础。

洪堡特正是在上述语言学思想基础上，对汉语做出了超越时代、不同凡响的研究。在《论汉语的语法结构》[7]一文中，对于汉语中的词，他说："在汉语里，除了可能的语法关系外，所有的词都表达意义的概念；即使在词语的联系中，词也都像梵语的词根一样，处于纯粹状态"，"这类词不是语法形式的标记，而是指出一个思想片段向另一个思想片段的过渡"。对于汉语的语序，他说："汉语的词序并不能明确的指出，句子里的每个词具有什么样的语法形式，而只是表达了一个思想的组成部分"。"在汉语里词序只是指出，哪个词决定着哪个词。这种决定作用可从两个不同的方面考察：一方面是一个概念的范围由另一个概念加以限定，另一方面是一个概念指向另一个概念。于是，起限定作用的词出现在受限定的词之前，被指向词跟在指向词的后面。整个汉语的语法就是建立在这两条基本的结构规律之上"。

在其另一篇关于汉语的论文《论语言形式的通性以及汉语的特性》[8]中，洪堡特指出："一切语言的语法都包括两个部分，一个部分是明示的，由标记或语法规则予以表达，另一部分是隐含的，要靠领悟而不是靠标记或规则。在汉语里，明示的语法要比隐含的语法所占的比重小得多"，汉语"根据概念相互限定的性质，把句子结构完全建立在概念的排列顺序之上"。

洪堡特的上述关于汉语语法之论，对于今天的汉语语法研究也具有重要的学术价值。虽然洪堡特也没能摆脱时代的限制，认为屈折语言高于黏着语和孤立语，但他对作为孤立语代表的汉语的研究，在当时是不同凡响的，而且时至今日也令人刮目相看。

当然，在我们对洪堡特的汉语观赞叹不已的同时，也不能不对其因时代所限而在语言类型学上表现出的局限性而感到惋惜。一方面，孤立语、黏着语和屈折语的划分，有效的区分了不同类型的语言；但另一方面，由于这种划分是以西方形态型语言为基准的，因此对诸如汉语这样不能用形态来框定的语言的解释力就显得疲软和乏力。而且，正如我们今天所看到的那样，形态类型学的语法观已成为我们研究汉语这样的非形态型语言的理论桎梏。因此，突破洪堡特的语言形态类型学，已成为深化汉语研究，丰富和发展一般语言类型学理论的当务之急。

1．2．4 莱布尼茨的通用文字梦①②

作为被誉为十七世纪的亚里士多德的德国哲学家、数学家和数理逻辑发想人的莱布尼茨(Gottfried Wilhelm Leibniz)曾设想过作为人类思维字母的通用文字。所谓通用文字是一种可以用来进行国际交流的逻辑性人工语言，这种语言必须超越不同语言的局限。为此，莱布尼茨对汉语的文字系统情有独钟。他根据十七世纪从中国回来的传教士们关于中国语的报告，相信汉语也许会是其构想中的通用文字的一个不完全的样本(Widmaier 1983：33)。不过遗憾的是，他所得到的有关汉语的信息是不完全的、时而是错误的古代汉语的知识，因此，莱布尼茨的通用文字构想只能作为一个梦想成为人们的一个美谈。

另一方面，他的这种构想的一部分则以概念文字的形式在弗雷格(Gottlob Frege)的数理逻辑的构想中得以部分的实现。弗雷格(Gottlob Frege)的概念文字是命题逻辑的数理化的前身，虽然这种概念文字只适用于命题间的真伪推导，但它毕竟是一个有限范围内的通用文字。

在弗雷格之后，世界上仍有很多思想家们为实现普遍文字而不懈努力。逻辑学家，哲学家(Ottoneurath)提出了国际图画文字(International Picture Language)的方案，而语言学家 Fodor(1978)则探讨着"能够使词汇全体得以特征化的最小语集"，并认为这是"使认知操作得以特征化的内部编码"。而英国著名的人类学者杰克•古迪(2000)(Jack goody)则在其遗作中写到：中国的文字的确可成为一个样本，利用世界的五分之一的人所使用的文字也许会有莫大的好处，也许我们可以期待利用现有的素材，并加以全新的发展，也许会有莫大的好处，也许我们可以期待利用现有的素材，并加以全新的发展，使其成为一个更加合理的文字体系。这里我们看到，人类学者杰克•古迪的现代提案，正是

---

① 本节内容根据(《文字の言語学―現代文字論入門》)Florian Coulmas（著）、斎藤伸治（訳），p30-32。日本、東京：大修館書店，2014 年）的内容改写。

大约300年前莱布尼茨的通用文字梦。

1．2．5 舶来汉语观的共性

显然，无论是汉语神秘论和无语法论、还是《马氏文通》前的西方传教士对汉语语法的直觉，无论是洪堡特汉语语法论、还是莱布尼茨的通用文字梦，用西方形态型语言的有色眼镜看汉语，他们都会感到汉语的异质性。而对于这种异质性，他们感到神秘，继而或是排斥，或是认同，或是试图继承和发展。但不论怎样，被舶来汉语观所认定的汉语，作为中国文化的载体，千百年来一直承传着汉语的精神，保持着其特有的语言文化的基因。而这种语言文化基因正是汉语意合语法产生的滥觞。

1．3 中国语言学的传统

中国语言学研究的传统是以音韵、训诂、文字为主的小学传统。撇开传统语文学的经典释义、通经致用的人文主义的倾向不说，仅就其研究对象而言，这些学问都是以"一音一义"实体为基本研究对象的。以《说文解字》、《尔雅》、《切韵》、《释名》等代表性的著述都是围绕汉语"一音一义"语言单位，从形、音、义，源几方面对汉语的"一音一义"这一语言实体以及反映这种特性的汉字加以考据研究的。《说文解字》主要是从"形"的角度考据，《尔雅》主要是从"义"角度考据；《切韵》主要是从"音"的角度考据；而《释名》主要是从历时语源角度考据的。这些文献考证研究的就是汉字所表达的"一音一义"体。因此，可以说，汉字所反映的汉语的"一音一义"的特性是传统语文学的根本，也是汉语的语言文化基因。正是因为这种语言文化基因的存在，使传统语文学呈现出如下特征：

(a) 以字为本的形，音，义，源探究的学术范式。

(b) 训诂为主的语义-百科知识系统的阐释。

(c) 虚实对立的句法功能的解释。

统而言之，传统语文学是以"一音一义"为语言文化基因，以形、音、义、源为研究对象，以语义阐释、通经致用为目标的学术范式。我们认为，传统语言学的上述特征正是汉语意合语法产生的具有正统性的历史文化渊源，也就是说，意合语法同传统语文学是一脉相承、息息相通的。这主要表现为：

(a)以"一音一义"为语言文化基因的共同学术取向；

(b)以语义阐释为主的学术范式；

(c)以百科全书式的知识系统为研究对象。

显然，《说文解字》、《尔雅》等就是早期反映当时认知水平的百科全书式的辞典。在古代语文学的典籍中，解字训诂、随文释义比比皆是，蔚为大观，自成系统，并由此而构成了传统语文学的学术规范。

1.4 对《马氏文通》以来汉语语法研究的反思

正如1.1节中所述，1898年《马氏文通》的问世，对于中国语言学来说，是一个历史性的大事件。因为，《马氏文通》的问世，改变了汉语语言研究的历史进程，改写了汉语语言研究的学术范式。

那么，应如何看待传统语文学研究和《马氏文通》之间的关系呢？我们认为，从积极的方面看，一方面，汉语语言学研究有自己悠久而成熟的历史传统，这种学术传统造就了汉语语言类型的学术范式，这是汉语学发展的必然结果；另一方面，《马氏文通》对汉语学的发展是有贡献的。其根本的贡献在于：(一)为中国语言学贡献了一个语法学理念和语法学的概念系统。《马氏文通》以后，语法学著述不断，语法体系迭出，语法学成为显学。(二)为汉语语法以后的研究提供了一个西方文本的参照系，促使汉语语法不断地在批判和反批判的历史进程中向汉语语法的本来面貌回归。

当然，科学研究是随着历史的发展而发展的。一方面，不能不承认中国传统语言学是缺乏系统性和理论提升意识的。另一方面，应该说，《马氏文通》时代的西方语法观也已不能同当代语法观同日而语了。《马氏文通》是一个形态型的拉丁语法的框架。而当代语法学，不论是形式语法学，还是功能语法学，仰或是认知语法学派，都已经进入了以语义为中心、通过语言研究来探索人类心智结构的时代。因此，《马氏文通》的语法框架是不能驾驭汉语型语言的。显然，一个世纪前的中西方语言研究的时代烙印和语言的类型特征造就了《马氏文通》以后中国语法学研究的进退两难，举步维艰的困境。

那么，在我们明确了中西方语言学观念演进历史进程之后，就不难理解汉语意合语法的提出是一种历史的必然这一论断，就能自觉地面对汉语事实，在继承中国语言学研究传统的同时，充分汲取当代语言研究之精华，构建适合汉语语言实际的语法理论。这正是汉语意合语法产生的历史机缘。

1.5 中国文化语言学的催生

意合语法的产生，从一开始就是在中国文化语言学的大潮中应运而生的。翻开汉语语言学历史演进的画卷，可以看到，从八十年代中期兴起的，以申小龙(1991)[9]为代表的中国文化语言学思潮，对汉语学界，特别是对汉语语言研究学界产生了巨大的影响。可以说，正是中国文化语言学的兴起和发展，催生了汉语意合语法。

实事求是地说，文化语言学地勃兴实在是二十世纪后半期是中国语言学界的具有历史意义的大事件，其影响所及是划时代的。可以说，中国文化语言学的崛起，构筑了中国语言学研究史上的一个难得的黄金时期。文化语言学的提出本身已经证实了中国语言学自我意识的觉醒。这种觉醒突出地表现在中国语言学已不满足于照搬照套西方语言理论的范畴和体系，而是立足于汉语的语言事实，着眼于汉语的本质特征，建立真正适合本民族语言事实的理论框架，并由此为世界语言学做出中国语言学应有的工作。中国文化语言学的关键并不仅仅在于探讨文化和语言的关系，而是在于要把文化作为一个大背景，从文化的角度探讨语言现象的成因，来分析语言的本体问题，继而建立真正符合该语言的理论框架。因此，中国文化语言学的根本价值在于其本体论的价值。这种本体论的价值就是指中国文化语言学不是指从语言角度来研究文化现象的语言文化学，也不是指从文化角度来研究语言的细枝末节问题。中国文化语言学代表着一种新的语言观。代表者一种新的语言理论和新的概念体系。因此，中国文化语言学不是语言和文化的关系学，也不是言语交际的文化现象学，更不是语言的社会应用学。中国文化语言学是一种新型语言学。

二、意合语法的产生和发展

正如我们在上文中所说，汉语意合语法产生是一种历史的必然。这既有对汉语言传统的承继，也有对当代汉语语法研究的反思，既有西方语言学思潮的影响，也有中国文化学的催生。而意合语法的提出，其标志性的事件就是对"意合法"的讨论。

2.1 意合语法的酝酿期(1987－1991)

1987《北方论丛》刊出"谈谈'意合法'——兼论汉语语法特点"[10]一文，正式提出汉语在本质上是一种意合语法的思想。可以说，这篇文章是意合语法的开题之作。如果说探讨意合法还是着眼于意合在句法层面的技术性问题、并以此为突破口寻求汉语语法革新之路的话，那么在同一时期也开始从理论上对汉语意合问题进行了全方位、多角度的思考。这主要反映在发表在《语文导报》1987年第5期上的《汉语语法研究观念的嬗变和走向》[11]一文和1988年《北方论丛》第4期刊出的《汉语语法学革新的几个原则问题——由汉语意合法谈起》[12]一文。

《汉语语法研究观念的嬗变和走向》一文从静态到动态、从描写到解释，从狭义到广义，从封闭到开放这四个方面讨论了汉语语法观念革新的问题；而《汉语语法学革新的几个原则问题--- 由汉语意合语法谈起》则从个性与共性，传统与现实，形式和意义，宏观和微观这四个方面讨论了汉语语法革新的几个原则问题。

在以上的理论务虚和技术探讨的基础上，意合语法也进行了整体框架的构想。1989年，《汉语意合语法论纲》[13]发表在光明日报社出版的《中国语言学发展方向论文集》中。《汉语意合语法论纲》是文化语言学在汉语语法学中的宏观构想。该论文的基本观点如下：

(1)汉语语法主要是意合语法。

(2)所谓意合语法是指语言单位组合时意义间搭配规则和规则系统。

(3)意合语法的基本内涵是语义格式。语义格式由语义范畴，语义层次，语义关系构成。

(4)意合语法的析句方法是语义重心分析法。

(5)意合语法的基础性工作是要尽可能详尽地描写语义结构，找出其对应的句法表现形式。

(6)意合思想是汉语学中具有世界语言学意义的不可多得的珍品。

《论纲》这样写道："汉语的句法语义范畴到底有多少?这是需要认真探讨的问题。有人认为这是语言学界中的哥德巴赫猜想，而且很容易仁者见仁，智者见智。不过我们认为，迄今为止我们还没有对汉语的句法语义范畴进行过认真而系统的现代意义下的研究，因此，见仁见智是正常现象。如果我们能像研究传统语法那样化上几十年功夫，投入众多的人力，那么关于语义的研究局面就可能是另一个样子。汉语学中的意合思想是一个有待深入开掘的宝库，如同汉语学'虚''实'概念一样，意合思想是汉语学中具有世界语言学意义的不可多得的珍品"。

可以看出，在上世纪八十年代结构主义盛行之时，能够明确提出语法研究应该以语义为重点的理论主张，这在当时是非常难能可贵的。

2．2 意合语法的初期理论(1991－1994)

如果说，20 世纪 80 年代是汉语意合语法理论务虚和寻找新的突破口的时期，那么进入九十年代，意合语法研究从理论的务虚阶段进入了初期理论阶段。其直接的成果主要反映在博士论文《论句子分析的三个平面》[14]以及以此论文为基础改写而成的关于意合语法研究的第一本专著《文化的深层选择一汉语意合语法论》[15]。

2．2．1 语法研究的三个平面理论

二十世纪八十年代，汉语语法学界兴起了语法研究的三个平面理论。《论句子分析的三个平面》的博士论文是在胡裕树先生的指导下 1991 年完成的。该论文较全面的梳理了三个平面语法理论的来龙去脉，具体分析了句子的句法内涵，句子的语义内涵和句子的语用内涵。同时该文还着重指出，虽然句子的句法内涵，句子的语义内涵和句子的语用内涵分属不同的范畴，但它们是有共同之处的，即它们同属语言所表达的内容。从语法形式和语法意义对映的角度看，三者同属语法意义。这部博士论文可以说是 1994年出版的《文化的深层选择－汉语意合语法论》的雏形，而对三个平面理论的一些思考和疑惑则以《语法三个平面研究献疑》[16]一文发表在《北方论丛》1992 年第 3 期上，并被《中国人民大学报刊复印资料语言文字卷》转载。

2.2.2《文化的深层选择－汉语意合语法论》

1994 年吉林教育出版社出版了《文化的深层选择－汉语意合语法论》，这是关于汉语意合语法的第一部专著。从书名就可以看出，这是从文化的角度考察汉语语法的尝试。该书是由申小龙主编的文化语言学丛书中的一部，也是众多文化语言学书籍中唯一讨论语法问题的专著。全书共有八部分：(1)文化和语言的深层沟通，(2)文化语言学的核心－文化语言观，(3)汉语意合语法论，(4)语法的语义内涵，(5)语法的语用内涵，(6)语法的句法内涵，(7)句子分析策略，(8)意合语法在人类知识系统中的地位。

该书的价值在于：

(一)具体分析和描写了汉语语法的语法内涵：(1)语义内涵：命题结构；事体结构；情态结构和情状类型。(2)语用内涵：指称结构；有定有定结构；话题和说明；前提和焦点；信息结构。(3)句法结构：汉语句子形式及特点；句法形式在语法中的作用；句法同语义、语用的关系。(4)句子分析策略：意合语法的词类观；意合语法的句型观；意合语法的析句方法；句子分析的策略。

(二)确立了语法的文化观。认为语法本质上也是一种文化现象，文化和语言在语义和认知层面上是有一种深层选择关系的。

(三)在人类的大范系的知识系统中观照意合语法。讨论了意合语法与自然逻辑的关系，意合语法同认知心理的关系以及意合语法的文化归宿。

(四)明确了语法研究的核心内容，把语法研究从三个平面归结为一个核心。在语法的句法、语义、语用这三者中，语法的语义内涵是重心，是基础。语法的语用内涵也是语义的一种类型，是映射在句法中的、反映说话人对语言信息的主观安排的语义范畴。而句法范畴是一种高度抽象化了的语义范畴，也是语义的一种类型。因此，语法中的三个平面实际上是语义的三种类型。

2．3 意合语法的范畴论时期(1994－2007)

2．3．1 语义范畴学

《文化的深层选择－汉语意合语法论》问世，标志着汉语意合语法理论的正式提出。此后，从 1994 年到 2007 年间，早期的意合语法理论重视对语义范畴和语义结构的探索，认为语法归根结蒂是要确立语义范畴，并探讨语义范畴间的组合搭配的规则。根据意合语法在 1994－2007 年间的探索，我们将意合语法对语义范畴学的探索归纳如下：

(1)对显性语义范畴和隐性语义范畴的探索；

(2)对语义范畴的层次和类别的探索；

(3)对语义范畴分布的探索；

(4)对语义特征的探索；

(5)对语义范畴辨析的探索；

(6)对语义范畴间的制约关系的探索；

(7)对语义搭配律的探索；

(8)对语义函数的探索；

(9)对语义格式的探索；

(10)对语义范畴网络的探索；

(11)对百科知识系统中的范畴网络的探索。

2000 年《汉语范畴语法论集》[17]问世。这是一本以语义范畴为主要研究对象的论文集。汇集了这一期间对于语义范畴探索的论文 13 篇。

2．3．2 《汉语意合语法学纲要》

2001 年日本中国书店出版了《汉语意合语法学纲要》[18]一书。这是第一本在中国境外出版的关于意合语法的著作。全书共十章。第一章，意合语法之哲学；第二章，句义结构总体观；第三章，句相结构；第四章，时制结构；第五章，方所结构；第六章，命题结构；第七章，体、界、相结构；第八章，主体表现结构；第九章，信息结构；第十章句法结构。另有两个附录：一是关于现代汉语的心态谓词的附录，一是关于汉语言说动词的附录。

该书的价值在于：

(1)第一次在国外以专著的形式介绍汉语意合语法。

(2)承上启下，总括了意合语法的范畴研究阶段的成果，细化了一些语义范畴的研究，同时也为后来的《汉语意合语法研究－基于认知类型和语言逻辑》一书提供了基本框架。

(3)在范畴论的基础上，提出了"意合机制"的概念，这也为后来的研究展示了新的思路。

2．4 基于认知类型学理念的研究时期(2007－2017)

2．4．1 2007 以后，意合语法研究的理念发生了一个显著而又关键的变化，即意合语法在国内首次提出了认知类型学的概念，并自觉地在研究中系统地应用认知类型学的理念，对汉语语法理论和一些难题或重要问题提出了新的视角和新的观点。之所以会发生这样的变化，乃是由于以认知类型学为理念的意合语法研究克服了意合语法前期理论的局限性。前期理论注重语义问题，系统地探讨语义范畴，这比起只注重形态的语法研究是有进步的，也是适合汉语语言实际的。但是，前期理论仍没有摆脱廉价的共性语法观，即仍是信守语义和语义范畴的普遍性和一般性。这种普世语法观已成为深化汉语意合语法研究的桎梏。而以认知类型学为理念的研究则为汉语意合语法研究的深化提供了理论依据。在 2007 年的《"把"字句的认知类型学解释》[19]一文中，意合语法首次在汉语学界提出了认知类型学的理念，这使意合语法研究能够面对汉语的语言事实，大胆地提出适合汉语的理论主张，系统地梳理汉语语法研究中的各种问题，从此意合语法研究进入了新的阶段。在 2007 年以后的系列研究中，意合语法自觉的应用认知类型学理论主张，并把这一理论主张贯穿在整个系列研究中，这包括（2008）对位移句式的研究[20]，(2009)对补语及其分类的研究[21]，(2010a)对动结句式的研究[22]，(2010b)对"了"语法意义的研究[23]，(2011)对"着"语法意义的研究[24]，(2012a)对汉语语态-句式系统的研究[25]，(2012b)对汉语时制问题的研究[26]。

以上研究都是应用认知类型学的理念对汉语具体问题的探索，而《汉语意合语法研究－基于认知类型和语言逻辑的建构》（2012c）的研究则是对意合语法的理论及认知类型学主张的理论探索。

2．4．2《汉语意合语法研究－基于认知类型和语言逻辑的建构》[27]

"2012 年出版的《汉语意合语法研究－基于认知类型和语言逻辑的建构》一书中这样写道：继 1994 年《文化的深层选择－汉语意合语法论》一书出版后，又有 2001 年的《汉语意合语法纲要》出版。本书是作者在此后约十年间对意合语法探索的一个总结。书中主要收录了 2001 年以来的论文，同时兼顾各篇论文的话题性而对这些论文进行了专题性的分类。此书共有七章：第一章，意合语法的理论研究；第二章，汉语时制的认知类型学研究；第三章，汉语动相的认知类型学研究；第四章，汉语语态和句式的认知类型学研究；第五章，汉语主观性结构的认知类型学研究；第六章，汉语方所结构的认知类型学研究；第七章，意合语法的理论争鸣。"

从上述各章的标题即可看出，这本书是以认知类型理念研究汉语的集大成，汇集了作者基于认知类型学的观点研究汉语具体问题的论文，是意合语法的认知类型学研究的代表作。本书的理论价值在于：

(1)指出意合和形合的对立具有类型学意义。

(2)应用认知类型学理念研究具体问题。本书讨论认知类型学的一些基本观念，并用这种观念具体研究了汉语的时体问题，动相问题，语态和句式问题，主观性结构问题，汉语方所问题。可以看出，认知类型学，为我们解释汉语的诸多问题提供了新的视点。

(3)语言逻辑。作者认为，语言逻辑是汉语形式化的必由之路，也是发展新型逻辑的根本方向。为此，对语言逻辑的基本特征进行了描写。

正如本书的副标题所示，本书的关键词是：认知类型和语言逻辑。认知类型是本书的一个基本理念，它为意合语法的汉语语法研究提供了一个新的视角和维度，使意合语法对汉语语法的诸多问题提出了新的、合理的解释和主张，展示了汉语语法研究的一个新天地。而语言逻辑是意合语法关于语言形式化的一贯理论主张。语言研究的逻辑化和逻辑研究的语言化是语言形式化的必由之路，也是必需之路。

2.4.3《汉语意合语法学导论－汉语型语法范式的理论建构》[28]

2017年，北京语言大学出版社出版了《汉语意合语法学导论－汉语型语法范式的理论建构》一书，该书是意合语法研究的最新代表作。也是继1994年《汉语意合语法论-文化的深层选择》后、作者关于意合语法研究的集大成版本。1994年《汉语意合语法论-文化的深层选择》(吉林教育出版社)的出版，标志着汉语意合语法理念的问世。以后又有2001年的《汉语意合语法学纲要》(日本，中国书店)和2012年的《汉语意合语法研究－基于认知类型和语言逻辑的建构》(日本，白帝社)等著作的出版。不过，由于后几本著作都是在国外出版的，因此本书的主旨是希望能把意合语法的新近研究成果介绍给国内学界。为此，这本书以2012年版的著述为主，同时又增添了新的研究成果，对汉语意合语法做了进一步的梳理，名之为《汉语意合语法学导论》。应该说本书是作者对意合语法探索的一个最新总括。

本书共分七章。第一章是关于意合语法学的理论探究，也是关于意合语法学的总论。第二章到第六章为专题分论，是依据意合语法学的思想对汉语具体问题的个论和专题研究。第七章是对意合语法研究的回顾和展望。第一章：意合语法学的理论探究。第二章：

汉语时制的认知类型学探究。第三章：汉语空间表达的认知类型学解释。第四章是关于汉语动相表达的认知类型学探究。第五章是关于汉语语态—句式的认知类型学探究。第六章是关于汉语主观性的认知类型学探究。第七章是回顾和展望。本书的主旨是：

(1)语法研究应是人类的智能结构探索的一部分。

(2)汉语是意合语法。意合和形合具有语言类型学的价值，是划分语言类型的初始概念。

(3)汉语语法的规则及其系统主要是存在于认知层面上的。这主要表现为语言中的经验范畴的组合规则及其系统。

(4)认知也是分不同层面的，本书所强调的认知主要指经验结构，或曰常识结构。

(5)经验结构是不同文化积淀在语言结构上的历史演变结晶，在共时平面上表现为一种百科全书式的知识范畴系统。

(6)经验结构的逻辑探索，构成了语言逻辑或曰经验逻辑。语言逻辑的现实化是语法研究的智能化和形式化的必由之路。

(7)汉语语法，无论从范畴的内涵，还是从体系的框架上看，都不同于形态型语法。因此，汉语可以而且应当根据汉语的事实来构建汉语语法体系，提出适合汉语的概念术语及理论体系。

本书最值得瞩目的是：

(1) 第一次系统而全面地论述了意合语法的理论。提出了意合的"一音一义"的原则，并认为"一音一义"是汉语语法机制的根本，是汉语之为汉语的的文化基因。同时，本书认为意合不仅具有语言类型学价值，而且也具有文化学的价值，据此可以建构汉语意合学。

(2) 旗帜鲜明地提出了建立汉语型语法学范式的主张，并认为汉语的语法机制是以 1 为核心的句法过程，可表述为：一音一义，一一相加，意合为主，一以贯之。而且汉语在句法信息的结构上有着二维扫描、线性组合、表意单位时长等时的特征，而这将使汉语在人类自然语言的人工智能化的过程中发挥决定性的、为其他类型语言所无法比拟的优势。

三、意合语法的基本理念

3．1需要澄清的几个概念

3. 1. 1 意合法 ≠ 意合语法。

意合法不等于意合语法。意合法和意合语法虽然只有一字之差，但却有本质上的不同。意合法是一种方法论意义上的语言组织法，而意合语法是一种语法类型，是具有本体论意义的语言观。一般认为，意合的说法是由王力先生在 20 世纪 40 年代提出来的。在 1944 年出版的《中国语法理论》[29]中，王力先生谈到汉语"联合成分的欧化"问题时，提到了形合和意合的概念，并在括号里分别注上了英语的对应词，形合(hypotaxis)，意合(parataxis)。后来在王力先生的《汉语语法纲要》[30]一书（上海新知识出版社 1957 年版），也提到此问题，并举例说明：

(1)小王有病，他没来。（意合句）

(2)因为小王有病，所以他没来。（形合法）

可见，王力先生的意合法的最初含义指的是不使用关联词语的复句关联法。

再比如，在英语那样的形合型语言中，表示上述因果关系的词语一般不能省略。如：

(3)Xiao Wang was sick, so he didn't come.

日语的情况同英语是一样的，表示逻辑关系的词语不能省略。如：

(4)王さんは病気なので来なかった。

可见，意合法是作为形合法的一种补充形式被论及的，主要是指复句中省略了关联词语的复句形式。而意合语法是一种语法观，一种语法体系。同"意合法"相比，不仅有方法论和认识论上的不同，而且也有本体论上的不同。1994 年出版的《文化的深层选择—汉语意合语法论》(吉林教育出版社)一书则是第一部关于意合语法理念的专著。

3. 1. 2 意合 ≠ parataxis。

英语学界和翻译学界常把意合翻译为 parataxis，把形合翻译为 hypotaxis。其实，这种翻译同我们所说的意合语法是不可同日而语的。意合语法是一种语言观，具有本体论价值，这里的"意合"和"形合"代表着不同的语言类型。而 parataxis 和 hypotaxis 是一种方法论上的概念，是句法中的不同层面的组合法。

英语的 parataxis 和 hypotaxis 是一对很普通的术语，分别来源于希腊语的 paratasseinhe 和 hypotassein，前者意为 arrange side by side，后者意为 arrange under，两者主要是一种句法概念，用来指能够体现句子成分从属和并列关系的两种排列方式。

而意合语法中的意合和形合的概念具有语义类型学的价值，意合主要指以语义层面上的组合搭配规则及其系统，是语义型语言的根本，而形合主要是指形态的组合及其规则系统，是形态型语言的主要研究对象。因此，将意合翻译成 parataxis 的做法是很有问题的。汉语意合的丰富内涵是难以用parataxis这样的英译来对应的。汉语的意合就是意合，这是汉语学的一个基本概念。

3.2 汉语"一音一义"的文化基因

《中国语文法研究》2016年卷，刊登了《汉语意合语法的句法机制》[3]的论文，这篇论文以文化基因论的思想探讨汉语"一音一义"的句法原理。在这篇论文中，作者提出了"一音一义"是汉语语言文化的基因的观点，并以此为基础构建了汉语1+1=1的语法，1+1=2的语法，1+1>2的语法。作者认为，1是汉语语言单位的基点和原点。这里的1就是"一音一义"单位体，汉语是用一音组一义，然后用这种"一音一义"体由前往后地线性组合，形成1+1=1的语法、1+1=2的语法、1+1>2的语法。其间，连动句式是一个中介过程。一方面连动句是由1+1=2构成的，其基础仍然是"一音一义"，另一方面，连动句式又是汉语动补结构，状中结构，时体等成分产生的句法框架。在汉语这种"一音一义"体由前往后地线性组合中，意合是汉语"一音一义"体连结的根本手段，意合就是认知类型学所探索的、以各种语言的经验结构和常识结构所涵盖的语义结构。通过这种研究，明确了意合语法同一音一义原则的关系，这就使意合语法研究建筑在坚实的语言实体的基础上。这正是：一音一义，一一相加，意合为主，一以贯之。

意合语法的提出，是建筑于汉语的"一音一义"这一铁的语言事实基础上的。在语言的音义关系上，形态型语言是一对多的关系、即一个意义对映多个音节，而汉语则是一对一的关系。这是汉语同形态型语言在语言初始状态上的不同，可以认为这种不同是言语组织策略的关键性的差异，是语言文化上的DNA的不同。正是由此，才生发出汉语的1(n)=1的组合，1+1=2的组合和1+1>2的组合。因此，如果能够找出判定1+1=1(复合词)、还是1+1=2(词组或短语)、仰或是1+1>2(句子)的规则系统的话，那么我们就可以把"一音一义"原则和句法挂钩，实现从词法到句法的过渡，从而也就能够建构由前向后的线性句法组合规则及其系统。我们的基本想法是：由1(n)=1的音节构成单纯词和复合词；再由1(n)+1(n)=2构成词组和短语，而这个词组或短语就是一个语块儿；最后由1(n)+1(n)>2的语块构成句式和句式系统。在这个句法化过程中，一音一义原则起着关键作用。因为线性组合的每一个音节必有一个意义在，音节和音节间的联结就是意义间的联结。而意义间的类别不同就决定了不同的句法组合。

从语言类型的角度看，汉语的一音一义性是汉语型语言的基本特征。屈折型语言是一种音素型语言，音节由音素构成，且音节不直接对应意义。也就是说是由几个音节对应一个意义单位的。比如英语的Sdudy(学)这一单词从语音直觉上听是三个音节，作为动

16

词时可以有诸如 sduding, sduded 等语法变化。这种语法变化都是发生在音素层面上的。而像日语那样的黏着语，一个平假名或片假名表示一个音节，由几个假名构成一个词。因此日语也是形态型的多音对应一个意义单位的语言。从这种意义上说，日语同英语一样都是形态型语言。不过，有趣的是，日语中的汉字所标记的部分是不能有语法变化的，日语的语法变化部分都是由假名承担的。这也从另一个角度印证了汉字所表达的一音一义体的不可分割性。

3.3 意合的类型学价值

孙景涛[32] (2005)令人信服地在词法层面上论证了汉语"一音一义"性。我们进而认为，"一音一义"原则，不仅存在于词法层面上，也存在于句法层面，是汉语句法实现的关键和初始基因。

谈起语言类型学，人们一般就会想起以形态为对象，追求语言共性，源于西方形态语言的类型学。其做法是广集不同语言的形态数据，以此抽象和概括普遍语法规则。我们认为，这种以西方形态语言为对象的类型学理念原点就与汉语的语言事实相左，是以西方形态语的标准来框定汉语，因此是不适合汉语实际的。而且即使是在西方，也有人看到了这一问题。德国语言学家洪堡特[33] (2001)说："一切语言的语法都包括两个部分，一个部分是明示的，由标志或语法规则予以表达，另一部分是隐含的，要靠领悟而不是靠标志或规则。在汉语里，明示的语法要比隐含的语法所占的比重小得多"。而数理逻辑的创始人莱布尼茨则指出，汉语是一种组义语法。我们认为，汉语中的隐含语法，汉语的组义语法的特征，一语以蔽之，就是意合。由"一音一义"所产生的意合精神是汉语之为汉语的根本。

意合是和形合相对而言的概念，这应是语言类型学的一对儿初始概念。对形合和意合这一对概念，一般的理解是指形态的组合和语义的组合，形合和意合的对立只是形式和意义的对立。按照这种一般的理解，似乎人类语言都有形合的一面，也都有意合的一面。我们认为，这种观点要么是一种误解，要么是一种偏见。因为，从根本上说，意合和形合是人类语言组织方案的两大类型，应是语言类型学上的最初始的分类。屈折语，孤立语，黏着语，多式综合语的分类是形态语法的标准，是一种形态型的分类。在西方语言学以形态划分语言类型时，是以西方形态型语言为基准的。其实，像汉语这样的意合型语言是同形合型语言截然不同的语言，不可能也不应该把本属不同范畴的语言放在同一个连续统中。为此，我们认为形合和意合是语言类型学的对立的两极，其关系为：

形合型：屈折语 黏着语 多式综合语

意合型：孤立语

如果以形态作为语言类型的划分标准的话，屈折语，黏着语，多式综合语都是形态型语言。虽然这些形态有的是内部曲折型态，有的是语尾黏着形态，有的是两者的综合，但从集形态而成范畴，集范畴而成体系这一点看，这些语言的言语组织策略是一致的。即，通过形态的变化而组词成句。因此，屈折语，黏着语，多式综合语都是形态型语言，其语法也是组形型语法。

3.4 "形""音""义""象"四位一体

意合语法对汉语的"形"、"音"、"义"、"象"的关系提出了"四位一体"[②]的模式，将汉语的"形"、"音"、"义"、"象"四位一体的关系表示如下：

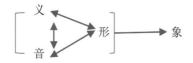

一个音义组合体对应于一个字，再由这个形音义三位一体的组合对应于一个心理意象。即：[（1音=1义）<1形》1象这一公式的语义解释为：（1）一音对映于一个义；（2）一个汉字统摄一个音义结合体；（3）由汉字所表征的音义结合体映射在心理认知层面上，构成一个心智意象。意合语法认为，汉语的这种"四位一体"的[（1音=1义）<1形》1象的属性，具有语言类型学的价值，是汉语型语言不同于形态性语言的根本之处。不过，从语言学的角度看，"象"属于心理认知范畴，而"形"属于文字学范畴。只有"音"和"义"的对映关系属于语言学的范畴。在这一点上，汉语的"一音一义"性和形态型语言的"多音一义"性呈现出语言类型学上的对立。

需要强调的是，迄今为止的语言学研究，大多是以"形"、"音"、"义"为主要研究对象的。而我们这里提出，要把心智意象也作为意合语法考察的对象。之所以如此，乃是因为认知语言学，认知心理学的进步，使当代语言学的研究的视野深入到通过语言研究探索人类心智结构的阶段。自然语言的智能化工程，包括人机对话、大数据库、机器翻译、深度学习等的研究都是语言研究走上了通过语言研究来探索人类心智结构的必由

---

②   这一观点是戴浩一先生在"第十届现代汉语语法国际研讨会（日本，大阪2019)"上首先向本人指出的，谨此致谢！

之路。因此，"象"的研究，以及"象"同"形"、"音"、"义"的对映关系是意合语法
所要探索的一个重要方向之一。

另一方面，"象"同认知图式。既有关联，又有不同。"象"就是心象，主要指的是
发生在大脑中的言语过程，是语言心理学研究的对象。而认知图式是指语义的认知基础
模式，是认知语言学研究的对象。不过，两者又是密切关联的。认知图式的心理学研究
是"象"的研究的重要组成部分，而"象"的研究也要通过认知图式而展开。

3.5 "一音一义"对"多音一义"类型学视角

关于汉语的单音性，赵元任[34](1975、1992)的一段话发人深醒。兹录于此：

"音节词的单音节性好像会妨碍表达的伸缩性，但实际上在某些方面倒是提供了更
多的伸缩余地。我甚至猜想，媒介的这种可伸缩性已经影响到了中国人的思维方式。语
言中有意义的单位的简练和整齐有助于把结构词和词组做成两个、三个、四个、五个乃
至更多音节的方便好用的模式。我还斗胆设想，如果汉语的词像英语的词那样节奏不一，
如 male 跟 female(阳/阴,)heaven 跟 earth(天/地), rational 跟 surd(有理数/无理数)'，汉语
就不会有'阴阳''乾坤'之类影响深远的概念。两个以上的音节虽然不像表对立两端
的两个音节那样扮演无所不包的角色，但它们也形成了一种易于抓住在一个思维跨度中
的方便的单位。我确确实实的相信'金木水火土'这些概念在汉人思维中所起的作用之
所以要比西方相应的'火、气、水、土'（'fire, air, water, earth'或'pur, aer, hydro,
ge'大得多，主要就是 Jīn-mù-shuǐ-huǒ-tǔ 构成了一个更好用的节奏单位，因此也就更容
易掌握。……节奏整齐的一个特例是数字的名称。我曾注意到中国小孩比其他国家同年
龄的孩子更容易学会乘法表。汉语乘至八十一的九九歌可以既快又清楚地在三十秒内说
完。用汉语，真的是只需说'impenetrability'这一个词的时间就能表达一整段话的内容。"

赵元任先生所言，一语中的。因为汉语是单音节性语言，一个音节对应于一个概念，
一个意象。而且一个汉字就是一个音节。因此，一个汉字就标记着一个概念或一个意象。
这种关系可概括为：$(1 \times 1) \times 1 = 1$。这个公式的意思是说，一音一义先构成一个有意义的
音节性单位，然后再由后起的汉字来标记这种一音一义的语言单位，从而形成了汉语一
音一义一字的音节性语言的特质。音节是汉语言语活动的基本单位。汉语声调的别义性
就是汉语音节性的表征。因为声调是加在整个音节上的。声调就是字调。字调管控着整
个音节，使声韵浑然为一体，呈现为一个有意义的、言语活动的基本单位的特征。

必须指出的是，"一音一义"中的"一音"不是印欧语系中的音节概念，汉语中的
"一音"是一个声韵调的结合体。一个声韵调所构成的音团对映与一个意义(意象)。而

19

西方语言学中的音节概念是音素的结合体，而且一个音节不必与意义直接对映，而是多个音节对映于一个意义。即：汉语是一音一义，印欧语是多音一义。这是具有语言类型学价值的音义对映关系，是可以作为划分语言类型的音义对映的标准。

3．6以百科全书知识系统的结构化和可操作化为目标

3.6.1 意合的基本内涵

意合这一概念有着丰富的内涵，限于篇幅，这里简要说明如下：

(1)语言类型学的内涵。意合是一个类型学的概念，屈折语，粘着语是形态型语言类型，而孤立语是意合型的语言。这是两种不同类型的语言。

(2)认知类型学的内涵。比如，汉语在"动作－结果"这样的事象时是倾向于以"动作－结果"这样的语义链来表达的，相反像日语这样的语言，在表达"动作－结果"事象时，更倾向于用包含动作行为的结果动词来表达。因此，不同的语言有着不同语言的认知内涵，而这也就形成了言语认知类型学。

(3)语义结构层面的内涵。语义层面的内涵是意合语法学的基本内涵，大体包括：

　　a 义项间的语义关联规则；

　　b 成词的理据；

　　c 复合词的语义组合；

　　d 句法语义格式系统；

　　e 语义搭配律的确立；

　　f 句法范畴的语义内涵（性、数、格、时、体、情态、模态、传信，等等）。

(4)语言的主观性表达：强调、确认、话者视点等。

(5)语言应用层面上的内涵。这主要指各种各样的省略，如：

　　常理型省略：他是日本老婆。　→ 他（的老婆）是日本老婆。

　　语义省略：我在赶论文。　→ 我在赶（写）论文。

　　句法省略：东京的冬天没北京冷。　→东京的冬天没北京（的冬天）冷。

(6)复句，流水句，句群和段落的语义关联。

(7)篇章中的起承转合，等等

上述只是举例说明，关于这些内容请参见意合语法对具体课题的探索。不过，总而言之，意合语法是以语义研究为核心的语法，希冀通过对人类语言语义结构的探索，揭示人类的心智结构的奥秘。因此，意合语法是一种智能语法，是汉语型的认知语法。

3.6.2 意合底库模式

张黎[35]（2022）中提出了汉语意合底库模式，用以解释汉语各层级语言单位的意合机制。这个意合模式为：

```
组合体 1          组合体 2
    ↓                ↓
百科知识库        百科知识库
------------------------------
词库（词典）      词库（词典）
构式库            构式库
物性结构          物性结构
动相结构          动相结构
性状结构          性状结构
事象类型          事象类型
语义场            语义场
语义关联          语义关联
属性知识库        属性知识库
…………          …………
```

组合体指一个复合型语言单位的构件，包括语素组合，词的组合，短语的组合以及句子间的组合。对于合成词来说，就是指两个语素的组合。百科知识库，即百科知识系统。包括词库，构式库，物性结构知识库，动相结构知识库，性状结构知识库，事象类型库，语义场知识库，语义关联知识库，属性知识库，等等。其中词库就是词典；构式库主要指各种句式的总和；物性结构指对名物的语义描写。动相结构指对动作的各种状态的语义描写（即时体特征）。性状结构指对各种性质和状态的描写。语义关联则是指对各种语义关联的描写。语义场知识库指词义的聚合性和组合性的语义网络。属性知识库则是指对一个词的常识性知识的描写。我们认为，以上意合底库可以使我们用一个统一的框架描写和刻画不同层次的语言单位间的组合规则。

四、余语

纵观国际语言学研究的发展和汉语语法学研究的现状，我们认为，目前，汉语语法研究面临着重大挑战和有史以来的最大机遇。这种挑战和机遇主要来自以下三个方面：

(一)汉语研究传统的挑战。在人类语言研究的古希腊－罗马、印度、中国这三大传统中，如果说迄今为止是形态型语言(古希腊－罗马，印度)的时代的话，那么我们可以预言：二十一世纪将是汉语这样的非形态型语言研究大显身手的时代。这主要是因为汉语型语言已成为当前语言研究的热点，国际语言学期待着汉语型语言研究的成果。越来越多的研究者意识到：只有在充分研究形态型语言和非形态型语言的基础上，才会有真正意义上的共性的、科学的语言学。

(二)自然语言人工智能理解的挑战。计算机技术的发展改变着语言研究的范式。大型数据库、大型语料库和大型知识库的建立，更多的是为了根据范畴特征而确立不同范畴间的语义组配关系。这种技术层面上的进步已改变了传统语法学的观念，语法已不仅仅是形态组合之法，面向自然语言人工理解的语法是更为贴近语义，更为形式化的语法。

(三)国际中文教育和研究的挑战。国际汉语热的兴起为汉语教学研究提供了新的动力和契机。不同国家、不同种族的人们学习汉语，这对汉语语法的教学和研究提出了新的要求。传统的语法理论已不能满足国际中文语法教学的需要，而另一方面，不同语言间的对照研究势在必行，这就在某种意义上推进着汉语语法类型学意义上的对照研究。

挑战即机遇。目前，汉语语法学界面临着有史以来的最大挑战，同时也面临着有史以来的最大机遇。汉语学界应该有一个清醒的、自觉的认识：汉语学应该而且必须有自己的语言哲学。人类语言固然有其共性，但一种语言之为一种语言，其个性的面貌恰恰是其真实所在。科学不是空洞的抽象，而是实事求是的升华。那么，就汉语而言，意合问题是怎么也绕不过去的真实，是汉语学界必须从正面解决的、关涉汉语全局的问题。

汉语意合语法的探索，是一个方兴未艾的事业。意合是汉语言文化之魂，是汉语之为汉语之本。如同汉语学中的"虚"、"实"理念一样，汉语学的意合思想是具有普通语言学价值的珍品。意合思想同认知科学，当代心理学，现代逻辑学以及文学，美学，修辞学等人文科学是息息相关的。意合语法研究的意义并不仅仅在意合语法本身。意合语法既是古代的，也是现代的；既是中国的，也是世界的；既属于语言学的，也属于整个科学、文化系统的。

我们相信，汉语语法学者在充分学习和汲取西方语言学的精华基础上，一定会承担起这一历史重任，为人类语言学的研究做出汉语学界应有的贡献，为世界语言学写出汉语型的语法。

参考文献

[1] 陆俭明 《近百年现代汉语语法研究评说》,《东北师大学报(哲学社会科学版)》, 2019 年第 6 期。

[2] 李 明 《中国近事报道》, 郭强等译, 大象出版社, 2004 年。

[3] 利玛窦、金尼阁 《利玛窦中国札记》, 何高济等译, 中华书局, 1983 年。

[4] 高名凯 《汉语语法论》, 上海开明书店, 1948 年。

[5] 周法高 《论中国语言学》, 香港中文大学出版社, 1980 年。

[6] 何群雄 《中国语文法学事始》, 日本, 三元社, 2000 年。

[7] 洪堡特 《洪堡特语言哲学文集》, 姚小平译, 湖南教育出版社, 2001 年。

[8] 洪堡特 《论语言形式的通性以及汉语的特性(致阿贝尔·雷慕萨先生的信)》,《洪堡特语言哲学文集》, 姚小平译, 湖南教育出版社, 2001 年。

[9] 申小龙 《中国句型文化》, 东北师范大学出版社, 1991 年。

[10] 张 黎 《谈谈"意合法"——兼论汉语语法特点》,《北方论丛》, 1987 年第 2 期。

[11] 常 理 《汉语语法研究观念的嬗变和走向》,《语文导报》, 1987 年第 5 期。

[12] 张 黎 《汉语语法学革新的几个原则问题——由汉语意合语法谈起》,《北方论丛》, 1988 年第 4 期。

[13] 张 黎 《汉语意合语法论纲》,《中国语言学发展方向论文集》, 光明日报社出版, 1989 年。

[14] 张 黎 《论句子分析的三个平面》, 复旦大学博士论文, 1991 年。

[15] 张 黎 《汉语意合语法论-文化的深层选择》, 吉林教育出版社, 1994 年。

[16] 张 黎 王跃滨 《语法三个平面研究献疑》,《北方论丛》, 1992 年第 3 期。《中国人民大学报刊复印资料语言文字卷》, 1993 年第 6 期转载。

[17] 张 黎 《汉语范畴语法论集》, 日本, 福冈: 中国书店, 2000 年。

[18] 张 黎 《汉语意合语法学纲要》, 日本, 福冈: 中国书店, 2001 年。

[19] 张 黎 《汉语"把"字句的认知类型学解释》,《世界汉语教学》, 2007 年第 1 期。

[20] 张 黎 《汉语位移句的语义解释》,《现代中国语研究》总第 8 期, 日本, 东京: 朝日出版社, 2008 年。

[21] 张 黎 《汉语补语的分类及其认知类型学的解释》,《对外汉语研究》, 总第 4 期, 2009 年。

[22] 张 黎 《汉语"动作-结果"的句法呈现及其认知类型学的解释》,《对外汉语研究》, 商务印书馆, 2010 年 a。

[23] 张 黎 《现代汉语"了"的语法意义的认知类型学解释》,《汉语学习》, 2010 年 b 第 6 期。

[24] 张 黎 《汉语"着"的语法意义及其相关现象的认知类型学解释》,《中国语教育》,日本中国语 教育学会,2011 年。

[25] 张 黎 《汉语句式系统的认知类型学解释——兼论汉语的语态》,《汉语学习》,2012 年 a 第 3 期。

[26] 张 黎 《汉语时制认知类型学解释》,《中国语文法研究》第 1 卷。日本,京都: 朋友书店,2012 年 b。

[27] 张 黎《汉语意合语法研究——基于认知类型学和语言逻辑的建构》,日本,东京: 白帝社,2012 年 c。

[28] 张 黎《汉语意合语法学导论——汉语型语法范式的理论建构》,北京语言大学出版社,2017 年。

[29] 王 力 《中国现代语法》(新一版),北京: 商务印书馆,1985 年(原版为 1943 年)。

[30] 王 力 《汉语语法纲要》,上海新知识出版社,1957 年。

[31] 张 黎 《汉语意合语法的句法机制》,《中国语文法研究》,2016 年卷。

[32] 孙景涛《论"一音一义"》,《语言学论丛》,2005 年第 31 期。

[33] 同[7]。

[34] 赵元任《汉语词的概念及其结构和节奏》,《中国现代语言学的开拓和发展——赵元任语学论文 选》,清华大学出版社,1975 年。

[35] 张 黎《汉语双音复合词的意合机制》,大東文化大学『中国言語文化研究』第 11 号,2022 年。

过度与少量融合构式

时卫国

（山东大学外国语学院/人文社会科学青岛研究院）

摘要： 本论文就过度与少量融合构式进行考察，"过度＋少量""过度＋过度＋少量""小程度＋少量＋过度＋过度"作为"度量"构式，主要依据社会标准评价事物。"少量＋过度""少量＋过度＋过度"作为"量度"构式依据说话人个人标准评价事物，形式相对少，凸显个人情感。"过度＋少量＋过度"作为"度量度"构式，则是一种依据社会标准评价事物，也是一种主客观不易分辨的混合型程度表达形式。

关键词： 过度　少量　融合构式　评价标准　婉转表达

一、引言

　　现代汉语度量共现形式大致可区分为"同侧共现"和"异侧共现[1]"。同侧共现是程度副词与程度副词连用共现，如"稍微有点""颇有些""太过于"等；异侧共现则是程度副词与量性成分呼应共现，如"稍微等了一会儿""更大一些""太大了一点儿"等。关于同侧共现构式，笔者已系统探讨了"大程度＋少量"、"少量＋大程度""小程度＋少量""少量＋小程度"等构式，但是尚未考察同侧共现中表示过度的程度副词与表示少量的程度副词共现融合构式，如"过度＋少量""过度＋过度＋少量""小程度＋少量＋过度＋过度""少量＋过度""少量＋过度＋过度""过度＋少量＋过度"等构式。

　　为了掌握汉语度量共现构式的整体分布状况，有必要对过度与少量融合构式进行考察，以便全面认识度量共现的表达机制。本文首先考察"同侧共现"构式的特点，对该构式进行综合分类和说明，然后考察过度与少量融合构式的用法和语法特征，并阐明动因和度量融合构式的作用与意义。

二、先行研究

　　关于"有点儿""有些"程度副词用法的论述文献，有《现代汉语虚词例释》(1982)、《现代汉语八百词》(1984)、杨从洁(1988)、程美珍(1989)、马真(1990)、王聪(1993)、安藤好惠(1994)、赖先纲(1995)、李宇明(1995)、时卫国(1997、1998、1999)、大岛吉郎(2004)、谢平(2014)等。其中关于其同侧共现用法的论著有张谊生(2000、2004)、张亚军(2002)、时卫国(2017、2019、2022、2023)等。

王倩(2013：389)从量范畴角度出发，考察了"有点＋太＋A"构式量整合的参与项、整合过程及结果、"有点儿"发生作用的层面等问题，指出"有点儿"是减量标志，"太A"表示超量，可作计量基点。

孙鹏飞(2017：87)在论述形容词谓语句中的量级共现时，将量级共现分为"同侧共现"和"异侧共现"。"同侧共现"主要是程度副词的连用，"异侧共现"大都表现为程度副词与数量成分的前后呼应。关于"同侧共现"分为四种类型：（一）相对程度副词＋绝对程度副词，如：稍微偏凉、比较太假；（二）绝对程度副词＋相对程度副词，如：有点儿更傻了、有点比较犹豫；（三）相对程度副词＋相对程度副词，如：比较更文雅、稍微比较明确；（四）绝对程度副词＋绝对程度副词，如：有点太冒昧、很有点儿古怪。此外，还有一种特殊的量级共现现象，即"绝对程度副词/相对程度副词"的反复使用，我们称之为"同形共现"。孙文对"同侧共现"程度副词的分类，对于认识程度副词连用结构可供参考。但是个别程度副词的归类还需要斟酌，还需要从其他角度进行系统探索[2]。

三、分类

作为表示少量的程度副词主要有"有点儿[3]"和"有些"。"有点儿""有些"与其它程度副词共现时，构成多种复合修饰结构。根据其承接功能，大致可以区分为A、B、C三大类：

A类是"有点儿""有些"前接程度副词用法，构成"程度副词＋有点儿/有些＋A/V"结构，即"程度副词＋少量＋A/V"构式，简称："度量"构式。

B类是"有点儿""有些"后接程度副词用法，构成"有点儿/有些＋程度副词＋A/V"结构，即"少量＋程度副词＋A/V"构式，简称："量度"构式。

C类是"有点儿""有些"居于两个程度副词中间，构成"程度副词＋有点儿/有些＋程度副词＋A/V"结构，即"程度副词＋少量＋程度副词＋A/V"构式，简称："度量度"构式。

这三种结构分别构成不同的程度评价方式，表示说话人的评价态度。

（一）、"度量"构式(A 类)：

"度量"构式主要依据社会标准评价事物，是一种较为客观的评价形式。根据前接程度副词的程度性，可分为以下五种构式：

1.大程度＋少量：

极有点儿＋A/V	极有些＋A/V	非常有点儿＋A/V	非常有些＋A/V
十分有点儿＋A/V	十分有些＋A/V	很有点儿＋A/V	很有些＋A/V
最有点儿＋A/V	最有些＋A/V	更有点儿＋A/V	更有些＋A/V

2.小程度＋少量：

稍微有点儿＋A/V	稍微有些＋A/V	略微有点儿＋A/V	略微有些＋A/V
多少有点儿＋A/V	多少有些＋A/V	微微有点儿＋A/V	微微有些＋A/V
稍有点儿＋A/V	稍有些＋A/V	略有点儿＋A/V	略有些＋A/V

3.过度＋少量：

太有点儿＋A/V	太有些＋A/V	忒有点儿＋A/V	忒有些＋A/V
过于有点儿＋A/V	过于有些＋A/V		

4.过度＋过度＋少量：

太过于有点儿＋A/V　太过于有些＋A/V　太过有点儿＋A/V　　太过有些＋A/V

5.小程度＋少量＋过度＋过度：

稍微有点儿太过＋A/V　　稍微有些太过＋A/V　　　略微有点儿太过＋A/V
略微有些太过＋A/V　　　多少有点儿太过＋A/V　　多少有些太过＋A/V

（二）、"量度"构式(B 类)：

"量度"构式主要是依据说话人个人标准评价事物，是一种较为主观的评价形式。根据程度副词程度性大小，可分为以下四种构式：

1.少量＋大程度：

有点儿极＋A/V　　　有些极＋A/V　　　有点儿非常＋A/V　　有些非常＋A/V

有点儿十分＋A/V   有些十分＋A/V   有点儿相当＋A/V   有些相当＋A/V

有点儿颇＋A/V   有些颇＋A/V   有点儿很＋A/V   有些很＋A/V

2.少量＋小程度：

有点儿稍微＋A/V   有些稍微＋A/V   有点儿稍为＋A/V   有些稍为＋A/V

有点儿稍稍＋A/V   有些稍稍＋A/V   有点儿略微＋A/V   有些略微＋A/V

有点儿略为＋A/V   有些略为＋A/V   有点儿略略＋A/V   有些略略＋A/V

3.少量＋过度：

有点儿太＋A/V   有些太＋A/V   有点儿忒＋A/V   有些忒＋A/V

有点儿过于＋A/V   有些过于＋A/V

4.少量＋过度＋过度：

有点儿太过＋A/V   有些太过＋A/V   有点儿忒过＋A/V   有些忒过＋A/V

有点儿太过于＋A/V 有些太过于＋A/V   有点儿忒过于＋A/V 有些忒过于＋A/V

有点儿过于太＋A/V 有些过于太＋A/V

（三）、"度量度"构式(C类)：

"度量度"构式主要依据社会标准评价事物，是一种主客观不易分辨的混合型的程度表达形式，也是一种较新的程度评价方式。其构式为：

1.过度＋少量＋过度：

太有点儿过于＋A/V   太有些过于＋A/V

"有点儿""有些"在以上三大类中分别居于不同位置，依据不同的评价标准，发挥不同的语法功能。

本研究对"度量"构式3、4、5和"量度"构式3、4及"度量度"构式进行考察，看看这些度量共现构式有哪些差异，各发挥怎样的作用？探讨此类构式的语法特征和语义特点，阐明过度与少量、少量与过度等度量共现构式及其意义，进而有助于认识和理解汉语度量共现构式的全貌。

四、分析

"太""忒""过于""过"都是表示过度的程度副词。"太"有两个义项:一个义项是表示极度,表示赞美,常用在感叹句中,需要与语气助词"了"共现;另一个义项是表示过度,指超出某种程度,多用于陈述句中。"忒"是方言副词,多用于口语,表示过度。"过于""过"则是只表示过度,分别用于修饰双音词和单音词。除了"太"有"极度"和"过度"两个义项外,"忒""过于""过"都只表示过度。"太"表示主观评价,却依据社会标准评价事物,如其"极度"义,就是根据社会标准,表明达到了极点;而其"过度"义则是表明超过极点,也是依据社会标准评价事物而做出的判断。"忒""过于""过"则统统表示过度,也是以社会标准评价事物。"太"与"有点儿"共现时,由于"有点儿"的语义限制,只表示其"过度"义,不再表示"极度"义。"有点儿"与"太""忒""过于""过"共现都是为了在其构式中减缓其"过度"义,分别构成委婉表示过度义的度量表达构式。

"太""忒""过于""过"通过前置与"有点儿""有些"共现融合构式有三种:

1. "过度+少量"

2. "过度+过度+少量"

3. "小程度+少量+过度+过度"

而通过后置与"有点儿""有些"共现融合构式有两种:

1. "少量+过度"

2. "少量+过度+过度"

后者则通过说话人个人的标准评价事物,表示超过了应有的范围,有过度之嫌,用以营造委婉、含蓄的氛围。

4.1. 过度+少量

"太""忒""过于"由于表述太过露骨,需要用"有点儿"调和共现,以此暗示听话人依据社会标准委婉、含蓄地评价事物。

"太""忒""过于"与"有点儿"共现,一般形成以下三种构式:

太+有点儿　　忒+有点儿　　过于+有点儿

(1)小学三年,学生的每次作文都是抄的,这也<u>太有点</u>离谱了。(薛卉琴著. 你不知道的留守儿童[M].2020)

(2)苍天终于开眼了，江心平好梦成真了，尽管这个梦忒<u>有点</u>漫长了。(张庆洲著. 红轮椅[M].2009)

(3)我在长大以后还曾想到过：父亲在当时表现得<u>过于有点</u>不怕死了!(伊沙著.中国往事[M].2007)

"过"通常被视为"过于"的省略形式，它经常修饰单音节词，由于这种特点，难于与"有点儿"共现融合，一般不能用于"有点儿"之前。一般不能说"过有点儿离谱""过有点儿漫长""过有点儿不怕死"等。

"有些"作为表示少量的程度副词[4]，在其构成、语义及本身含有量性方面与"有点儿"相同，只是比"有点儿"语义重一些。

"有些"可以置于"太""忒""过于"之后，形成"过度＋少量"构式，也即"太＋有些""忒＋有些""过于＋有些"构式，如：

(4)刘姥姥是这样说我们初次和人家走串，就在人家家里包吃包住，让别人为自己的孩子操心，这也<u>太有些</u>过分了。(来自 侯建忠著.中国新锐作家方阵 当代青少年寓言读本 冰块和火炉[M].2012)

(5)始皇赢政的历史功绩是无可辩驳的"阿房女"这样子虚乌有的人物也可以虚构，若把"阿房宫"说成是为"阿房女"所建造就<u>忒有些</u>离谱了。(马骏著.马骏作品选集 3[M].2007)

(6)我以为单凭在卢浮宫，凡尔赛宫等处买到中文说明书，便发出"欧洲人进步了...欧罗巴人到底还是聪明"等等的赞叹声，大脑未免<u>过于有些</u>简单了。(俞丹桦著.变味：对外经贸随笔[M].2001)

这些构式都是依据社会标准评价事物，表示委婉、含蓄的过度评价。

4.2. 过度＋过度＋少量

"太""过"都表示过度，且常以"太过"连用共现，比起单独使用时，则更加强调其过度，但太过露骨，需要掩饰露骨感情。与"有点儿"共现时，暗示依据社会标准评价事物，可以减缓语气，显示评价具有客观性。

这种构式为强调过度而形成，但为了减缓语气，需要与少量搭配，形成"太＋过＋有点儿"构式。如：

(7)喜嫂(劝慰着悲痛<u>太过有点</u>疲累的嫂子)嫂子，你快歇歇吧! 可别哭坏了身体呀!(尹同亮主编.1996～2006 漯河文学 戏剧卷[M].2007)

(8)像李心田老师当面说过我几次某个短篇幽默得<u>太过有点</u>贫嘴了，90年代初陈宝云老师说我这段时间小随笔写得太多，应适可而止，还是要好好写小说了，苗得雨老师不时地打电话给我说你哪篇小文不错，而哪篇又比较一般化了等等，我都感念在心，并在以后的写作中加以改正。(郝克远主编.齐鲁晚报 2003[M].2004)

(9)耳边除了山石叽里咕噜往下滚的声音之外，还有"嗒嗒"的马蹄声，由远及近。我心下一凛，腿却因为用力<u>太过有点儿</u>不听我使唤，只能拖着蹭着地往前走。(萧四娘著.将军恰恰甜[M].2019)

这种构式有一个特点：一般是"太"置于"过"之前，而不能倒置，即"过"置于"太"之前，不能说"过太＋有点儿"，一般也不能说"过于太有点儿"。

另外，尚未发现有"太过于有点儿"的用例，但从其语气看，因为它与"太过有点儿"相近，也不能排除其使用的可能性。总之，"太过有点儿"作为一种组合紧密的连用修饰结构，表示过度的部分和表示少量的部分能够保持平衡，形成这种强调过度却不显露骨的度量共现构式。

"太""忒""过于""过"等重叠后，也可以与"有些"共现融合，形成"过度＋过度＋少量"构式，即"太＋过于＋有些""太＋过＋有些"。如：

(10)望着她天真纯洁的粉脸，雷天岳道："你的纯真使我觉得自己<u>太过于有些</u>阴沉。"(南宫燕著.乾坤魔影 3[M].)

(11)中年男子呆滞地望着药鼎，眼睛瞬间变得血红起来，辛苦了二十多天的时间，如今却功亏一篑，这种打击，对于他来说，实在是<u>太过有些</u>难以承受了。(斗破苍穹 21 解救药老[M].2012)

4.3. 少量＋过度

"有点儿"用于"太""忒""过""过于"之前，有减缓其语气作用。说话虽然用个人标准评价事物，但是依然可以用来掩饰露骨的程度评价。分别形成下列构式：

有点儿＋太　　有点儿＋忒　　有点儿＋过　　有点儿＋过于

这种构式表示话者以个人标准评价事物，通过量度调配，形成一种委婉、含蓄的过度评价构式。"有点儿"和"太""忒""过""过于"都具主观色彩，但少量和过度得到调和，可以掩盖过于露骨的程度评价。

(12)遵义会址是个二层小楼，看上去<u>有点太</u>新了，新得有点不真实感。(陈艳敏著.那些地方[M].2018)

(13)如果说，杀害李智云还是各为其主、情有可原的话，那么挖坟这事，阴世师就干得<u>有点忒</u>不地道了。(尹剑翔编著.女人的私房历史书 隋唐篇[M].2014)

(14)张洪利老师的班里有个男同学和隔壁班的女同学交往<u>有点忒</u>密。张老师没有横眉冷对，而是与男生进行了平静的沟通。(王伟著.守望[M].2019)

(15)十香凉面光拌菜和浇头就有十好几种，<u>盘盘碟碟碗碗</u>一大桌子，而面仅为一小碗。<u>有点过于</u>讲究，乃至舍本逐末了。(仇长义著；王树忠图.那时候[M].2019)

这种构式的特点是：虽然强调过度，但语气较为平缓，适合于轻微的过度评价。

"有些"前置于过度程度副词之前，根据说话人的个人标准评价事物，与置于过度程度副词之后时相反。形成"少量＋过度"，也即"有些＋太""有些＋忒""有些＋过于""有些＋过"。

(16)而糖茶、糖茶，自然是糖越多、味道越甜蜜越好，人喝着，也就越有这一种喜乐欢庆的滋味昔日里，多是些老人、小孩子们喜欢喝。现在...当然是觉得<u>有些太</u>甜腻了。(朱静薇，李知弥.君自故乡来[M].2018)

(17)只是现在周瑞已经在彭城定居了，而且癸冈也离不开他，自己要是把周瑞喊来，就<u>有些忒</u>不讲究了。(打眼.黄金瞳 5[M].2019)

(18)在产品所在的特定行业内，搜集大量精准用户的行为数据，并对数据进行分析，并依数据进行商业推广，当然是有价值的。但这个需求对于一个尚未起步的产品来说，实在<u>有些过于</u>遥远。(王莹一.攀爬之路 产品经理成长工作手册[M].2018)

(19)监测技术水平方面，由于标准制定与现实不一致而导致有设备没标准或是有标准没设备的现象时有发生；企业治污技术水平方面，一些标准与企业现有治污技术不适应，<u>有些过严</u>，<u>有些过宽</u>。(幸昆仑著.中小企业环保激励机制[M].2018)

"有点儿过于""有些过于"多用于修饰双音词（如(15)(16)(18)等），"有点儿过""有些过"则多用于修饰单音词（如(14)(19)等）。

4.4. 少量＋过度＋过度

"有点儿"与"太过""忒过""太过于""忒过于""过于太"共现连用，强调主观评价色彩，委婉地暗示程度超过原有标准，并含有过犹不及的语气。

这种构式是表示过度的程度副词融合而成，其语气强烈，评价太过露骨，需要少量搭配，减轻其语气，对其评价态度加以掩盖。这种构式与 4.3.的构式相比，评价标准与其相同，但过度评价语气更加强烈，"有点儿"的作用也更加突出。表示过度的程度副词的组合和搭配也更加自由，"太""忒"既可置于"过于""过"之后，又可以置于其前，不太受限制。可形成以下构式：

有点儿＋太＋过　　有点儿＋忒＋过　　有点儿＋太＋过于　　有点儿＋忒＋过于

有点儿＋过于＋太

如：

(20)她们的反应<u>有点太过</u>夸张，让人觉得让人无法接受，并且情绪很不稳定，轻易从这种情绪转移到另一种情绪。(杨颖编著.好妈妈不娇不惯养育完美女孩 [M].2018)

(21)传统的大电影拍摄借助轨道车、摇臂、镜头动起来的设备，<u>有点太过于</u>奢侈。(向璐舜，潘桦著.微电影指南手册 3 微电影导演手册[M].2018)

(22)应该新旧兼顾，快慢兼顾，有时，想创一些新的玩法，旧的玩法都舍弃掉了，<u>有点过于太</u>冒险。(娱乐时尚-金火锅店回顾之(二)六神经文桌面益智游戏大富翁篇》2002)

"太"和"过于"可以相互置换(如((21)(22))，"太"前置时，语气尚轻缓，后置时，由于"过于"语气强烈，过度义有所加重。两种构造均表示明显过度，不太适合程度评价，因此需要前置"有点儿"以缓和评价语气，从而形式委婉、含蓄的过度评价构式。

"有些"与"太过""忒过""太过于""忒过于""过于太"共现连用，强调主观评价色彩，委婉地暗示程度超过原有标准，语气比"有点儿"更加含蓄、深沉。

(23)在性格方面，小宋和小张有很大的不同。小宋为人和善，他的信条是用成绩说话，而小张则<u>有些太过</u>看重名利，甚至有时还会给人一种急功近利的感觉。(刘刚改编.情商高就是说话办事让人舒服[M].2019）

(24)人生就是这样，免不了要经历一些很荒唐的伤害。其实，生活中，每个人都经历过被误会、被误解，甚至被污蔑，只是<u>有些太过</u>细微，我们并没有在意。(慕颜歌著.你的善良必须有点锋芒 2[M].2019)

(25)"唉!我觉得还真奇怪哟，既然是审计局派出四个新来的转业干部做欧阳姐的'属下'，为什么事先就没有局长或处长什么的家伙打一个电话，却让组长你这外人来转达通知呢?是不是<u>有些忒过</u>怠慢了?" (张黎明著.深度审计[M].2010

(26)这似乎是<u>有些过于太</u>详细了，好像没有那么大的必要，但事实上，它们都是非常重要的。举例来说，如果老师不是把十个金属插片排成一行示给孩子看，([意]蒙台梭利著 肖咏捷译.蒙台梭利儿童教育手册[M].2003)

"有点儿""有些"的作用就是减弱过度表达形式所具有的过度强烈、露骨的语气。

4.5. "小程度＋少量＋过度＋过度"与"少量＋小程度＋过度＋过度"

"小程度＋少量＋过度＋过度"的特点是，"有点儿"首先与小程度共现，再与"太"和"过"共现，构成小程度和过度的复合式评价方式，但仍依据主观标准，委婉表示具有过度倾向。分别形成"稍微有点儿＋太过""稍微有点儿＋太过于""稍有点儿＋太过""稍稍有点儿＋太过""多少有点儿＋太过"等构式。

(27) "我刚才说过，"波莉姨妈说，"他不是个坏孩子，只是<u>稍微有点太过</u>调皮淘气，有点幼稚轻浮、不沉稳，没有自己的主意。他现在还只是一个小孩子，不过他心肠很好，没有一点坏心眼的。鸡鸥……"她痛哭起来。((美)马克·吐温著；何碧栋编译.汤姆·索亚历险记[M] 2013)

(28)这是程式化的混乱场景，里面逐渐生长出苔藓、绿色植物。或许我认为舞蹈者的服装<u>稍微有点太过于</u>醒目，太过于丰富。((美)托马斯·F·凯利著.首演[M].2011)

(29)如果说老洛克菲勒的做法还<u>稍有点太过</u>刻薄、奸狡，那么江苏悦达集团这方面的精明更值得师事。(梅雨霖主编.应用策划[M].2007)

(30)圣约翰的毕业生，如果不计较他们蹩脚的中文和<u>稍稍有点太过</u>谦恭，可算是最明智的人了，博士您的教学生涯无疑是最具价值的生涯，约大的教育精神亦近乎完美。(金富军编.周诒春文集[M].2017)

"稍微""稍""稍稍"等表示小程度的程度副词，与"有点儿"共现连用，形成一个复合式修饰构造，专门用于表示微小程度，然后分别再与"太过"或"太过于"共现连用，形成度量共现形式与过度表达形式的共现融合。是一种结构较为复杂的、强调具有轻描淡写倾向的过度表达形式，当然也是为了用于委婉、含蓄的过度评价。

值得注意的是，表示过度的程度副词是"太过"或"太过于"形式，而不是"过太"或"过于太"形式。一般不说"只是稍微有点过太调皮淘气""稍有点过太刻薄、奸狡""稍稍有点过太谦恭"等。

"稍微""稍""稍稍"与"有点儿"可以互换位置，互相置于前面和后面。如可以说："只是有点稍微太过调皮淘气""有点稍太过刻薄、奸狡""有点稍稍太过谦恭"等。置于"有点儿"前面时，表示说话人依据社会标准进行过度评价，置于后面时则表示说话人依据个人标准评价事物。如"多少"与"稍微"类相同，既可前置，又可后置，但评价标准如上。

(31)这个看似有一定的道理，但<u>多少有点太过</u>笼统，既没有区分国内外银行业经营环境的差异，也没有考虑大小银行的不同，容易产生一些误导。(曾刚 外部环境与

中国银行业转型 中国金融 2012 年第 17 期)

(32)赵桓的皇帝做得太辛苦，女真人兵临城下，就事急抱佛脚，倚李纲、种师道等
为肱股之臣委以重任；等金军一退，就从谏如流地削夺种师道官职。过河拆桥，做
得<u>有点多少太过</u>明显。(独孤慕雨著.为什么总挨打 靖康耻的前前后后 下[M]. 2013)

"多少"表示或多或少，语义不太确定，与"有点儿"共现连用，可以满足其语法
要求。只要满足其语法条件，无论置于其前，还是置于其后，均可以构成复合式修饰结
构，与过度程度副词组合共现融合。"多少"与"有点儿"，"太"与"过"均为二次共
现，因此，"多少有点太过"是"小程度＋少量＋过度＋过度"，"有点多少太过"则是
"少量＋小程度＋过度＋过度"。

"小程度＋少量＋过度"和"小程度＋少量＋过度＋过度"也成立，如"稍稍＋有
些＋太""稍微＋有些＋太＋过""略微＋有些＋太＋过""稍稍＋有些＋太＋过""多少
＋有些＋太＋过"等构式。这两种构式也都是说话人依据个人标准评价事物。

(33)大海还<u>稍稍有些太静</u>，<u>稍稍有些太远</u>，人们还听不到海浪声，但是从周围的那
片圣栎树那边，昆虫嗡嗡的合唱已经在空气中振响，让他禁不住用手指尖去挠痒痒，
强度不断变化的波动有时候遮盖了谈话声。(让·艾什诺兹.艾什诺兹作品集 5 我们
仨[M].2017)

(34) "现在我们等解码。"法兰克对他的观众说，声调<u>稍微有些太过</u>愉快。"三分钟，
也许五分钟。抽根烟吧，好吗?每个人放轻松。海鳗还活着，活得好好的。"((英)
约翰·勒卡雷著.完美的间谍[M].2010)

(35)不得不说有的话也确实只能作为钱老的一家之言，比如对于明朝的分析至少个
人就不很赞同，对于相权的定义也显得<u>略微有些太过</u>偏向字面意思但是更多的时候
钱老确实给出了非常深刻的分析，～。(郭天鹏著.听安静的声音[M].2016)

(36)陈天桥的理想是"做网络上的迪斯尼...这个想法在当时<u>多少有些太过</u>理想化，但
是在理想面前，陈天桥很务实，很专注，即使在不知道发展方向的时候也没有放
弃自己最初的选择。(郭瑞增主编.创业改变命运[M].2008)

4.6. 过度＋少量＋过度

"有点儿"居于两个表示过度的程度副词之间，构成"太＋有点儿＋过于"构式。
"太"和"过于"都是强调过度的程度副词，两者结合会进一步增强过度的语气。由于
语义表述太过露骨，需要加以掩饰，而"有点儿"恰好起到这种掩饰作用。"有点儿"

来到两者中间，对两种过度义加以调和，从而减缓过度义的强烈语气。这种构式的评价标准不同于"太过于有点儿"，也不同于"有点儿太过于"，而是独具特色，专门用于掩饰过度的语气。

"太过于有点儿"依据客观标准评价事物，"有点儿太过于"则依据主观标准评价事物，"太有点儿过于"则是主客观难以分辨，既有客观标准，又有主观标准；既依据社会标准，又掺杂个人标准，混融杂糅。值得注意的是，两个过度的程度副词不可倒置，一般不能说"过于有点儿太"等。

如：

(37)特别是我连全书都未拜读，就来说三道四，评头论足，未免<u>太有点过于</u>造次和唐突，～。(四川省《格萨尔》工作领导小组办公室编.格萨尔论文选集[M].)

(38)韩公曾说凡是用兵，应先把胜负置于室外，现在看来范公<u>太有点过于</u>小心谨慎了。(杨振中 张大畏 赵培辛编.中学语文课外阅读 给初三（上）学生用[M].1984)

"太有点过于"是一种较新的度量共现构式，它的特点是"少量"居于"过度"之间，模糊了评价标准，形成一种主客观界限较为模糊且语气强烈的过度评价构式。

"有些"可以置于两个表示过度的程度副词之间，形成"过度＋少量＋过度"构式，即"太＋有些＋过于"构式。如：

(39)那么，所谓"乡绅"就应该是指居住乡间，有官位、身分高的人：这种理解应该是当时的语感。因此，将这一用语仅仅限定在有居官经验的人的身上，虽说有这样使用的例子，但不能不说<u>太有些过于</u>严密了。(明清史国际学术讨论会秘书处论文组编.明清史国际学术讨论会论文集[M].1982)

综上，"有些"在与多种表示过度的程度副词共现融合方面，与"有点儿"完全相同，二者尽管在语感和语义方面略有差异，但都能用于相同或相近的构式，形成度量共现构式。

五、背景及动因

5.1.理据和动因

随着社会进步与发展，人们的认知水平和表达水平均有所提高，原先直截了当、不加掩饰的表达态度逐渐变得婉转含蓄、拐弯抹角，人们的语言行为越来越深沉和玄妙。可以说礼貌原则发挥着重要作用，一方面要尊重别人，另一方面又要表明态度；既要表达个人看法，又要考虑对方感受，故产生了这些委婉而含蓄的评价方式。而过度表达本来就是消极的不受欢迎的表达方式，如果直接进行过度评价势必会引起对方反感，需要掩饰过于露骨的评价态度，因而尽可能减缓语气，避重就轻，让对方接受评价结果。相反，如果直抒胸臆，毫不掩饰地做出评价，必定会影响语言交际，进而影响到人际关系顺利发展。可见，语言表达与社会发展及文化发展息息相关，并互相影响。可以说，婉转含蓄的评价态度也是时代发展的产物，是社会发展到某种阶段语言表达所呈现出的一种复合式的评价态度和评价方式。而当下的社会环境和评价态度便成为程度副词共现连用的直接动因。

过度与少量融合构式就是在这种语言环境和社会背景下形成的消极评价方式之一，是新时期语言交际演变而来的过度评价形式，也是人们追求委婉含蓄的表达效果而衍生出的度量共现融合构式，成为了现代汉语程度表达的一个显著特点。

5.2. 限制

"有点儿""有些"后置时可以与各种类型的程度副词共现连用，充分反映出"有点儿""有些"作为程度副词具有包容性和协调性，同时也反映出前置程度副词也具有包容性和协调性，二者通过连用共现，构成度量共现融合构式，用于说话人采用社会标准评价事物。

"有点儿""有些"前置时所受限制大于后置时。具体表现为前置时，与"有点儿""有些"共现连用的程度副词较少，远不及后置时那样具有普遍性。原因有二：一，"有点儿""有些"作为短语的用法影响到它们与其他程度副词连用共现，其语义由其短语义占据优势，其后接范围因而受到限制；二，"有点儿""有些"前置时，表示说话人依据主观标准评价事物，其主观的评价构式难以具有普遍性。

"有点儿""有些"作为程度副词集前置性和后置性于一体，属适用于度量共现构式的程度副词，与其他程度副词形成鲜明对比。不过也有其相应的限制。

六、结语

汉语程度副词的同侧共现是说话人评价事物的复合性评价方式，是新时期语言交际呈现出的新的特点，也是程度表达形式日臻完善的结果。反映出说话人立体多元的评价态度和迂回婉转、意味深长的表述技巧以及现代汉语在程度评价方面所具有的多样性和复杂性，可以说汉语程度表达方式极为丰富，大小程度融合、程度性与量性融合是其特点，也就是说，同侧共现是现代汉语的重要特点，也是汉语非常显著的语法特征。

"有点儿""有些"在同侧共现中作用巨大，由于其构成特别，协调性能强，与绝大多数程度副词共现，既前置，又后置，居于同侧共现构式的核心地位。"有点儿""有些"通过与各种程度副词共现，调节各种程度性，为各种程度评价构式带来选择性和多样性，极大地丰富了汉语的程度表现形式。然而，"有点儿""有些"也有局限性，虽然前后承接各种程度副词，但由于其只具描述性，不具可控性，只限于描述静态的程度性，且有很多语法限制。

"过度+少量""过度+过度+少量""小程度+少量+过度+过度"作为"度量"构式(A类)，主要依据社会标准评价事物。"少量+过度""少量+过度+过度"作为"量度"构式(B类)，则依据说话人个人标准评价事物，形式相对少，凸显个人情感。"过度+少量+过度"作为"度量度"构式(C类)，则是依据社会标准评价事物，也是一种主客观不易分辨的混合型程度表达形式。这三种构式说明大小相间配置是合理配置，越是过度的行为越需要掩饰，越需要委婉表达。这就是这些构式存在的价值和意义。

附注

1)关于"异侧共现"，拟另文探讨。

2)《现代汉语虚词例释》(1982)、《现代汉语八百词》(1984)、侯学超《现代汉语虚词词典》(1998)等工具书均未提到它们与"有点儿"共现的用法。

3)"有点儿"是动词"有"+数量词"一点儿"构成的，有程度副词用法和动词短语用法，本论文只探讨其程度副词用法，记为"有点儿"，引用例句时，则依据例句原文表述。下同。

4)本研究只探讨"有些"作为程度副词的用法，不探讨其作为动词短语用法。

参考文献

李宇明 2000.《汉语量范畴研究》，武汉：华中师范大学出版社。

王　倩 2013. "有点+太+A"构式的量，《世界汉语教学》第27卷2013年第3期：376-391。

时卫国 1997. "有点"的意义用法，《安徽教育学院学报》第四期：57-61。

时卫国 1998. "有点"与形容词重叠形，《河北大学学报》第二期：27-34。

時衛国 2011.『中国語の程度表現の体系的研究』，东京：白帝社。

時衛国 2017.『中国語の低程度表現の研究』，名古屋：愛知教育大学出版会。

時衛国 2019.『中国語の少量と低程度表現の対照研究』，名古屋：愛知教育大学出版会。

時衛国 2021.「"有点儿"の連語と副詞の境界線，『外国語研究』54 号：105-119。

時衛国 2023. 大程度と少量の共起関係について，『新世紀人文学論究』第 7 号：255-268。

時衛国 2023. 小程度与少量的共現构式，『外国語研究』56 号：189-204。

孙鹏飞 2017. 形容词谓语句中的量级共现，语言教学与研究第 1 期(总第 183 期)：86-93。

张亚军 2002.《副词与限定描状功能》，合肥：安徽教育出版社。

张谊生 2000.《现代汉语副词研究》，上海：学林出版社。

张谊生 2004.《现在汉语虚词探索》，上海：学林出版社 。

现代汉语"有₂+数量性成分"再考

肖海娜[1]　西村英希[2]

（1. 立命馆大学；2. 金泽大学）

摘要： 以往的研究惯于将"有₂+数量性成分"看作一个整体，而且多数研究都主张"有₂+数量性成分"用于"表大表多"，排斥"表小表少"。当然，也有研究反驳"表大表多"说，认为"有₂+数量性成分"的功能是表数量的主观估测。本文首先提出，"表大表多""表小表少"及"表估量"都与"有₂"有关；接着摆脱"有₂+数量性成分"一体化的束缚，主张并论证"有₂"作用于整个句子，用于表述相关数量概念的解读含有说话人的主观认识。同时我们主张表估测是主观情态成分"有₂"被激活入句的基本语用动机。此外，我们认为主观大量与主观小量是在说话人主观估测的基础上形成的反向的附加语用功能。当实际值高出说话人的主观预估时则解读为主观大量；当实际值低于说话人的主观预估时则解读为主观小量。

关键词： 有₁+名词性成分　有₂+数量性成分　有₃+动词性成分

一、引言

"有"是汉语的高频动词之一，无论是其本身的意义与用法，还是由其构成的各种句法结构，都常呈现出纷繁复杂的特点，因而与其相关的问题多为汉语语法研究的热点问题。

《现代汉语词典（第 6 版）》载有"有"的 7 条动词用法（p.1578）：1 表示领有（如：我有《鲁迅全集》）；2 表示存在（如：屋里有十来个人）；3 表示达到一定的数量或某种程度（如：他有他哥哥那么高了）；4 表示发生或出现（如：他有病了）；5 表示所领有的某种事物（常为抽象的）多或大（如：有学问）；6 泛指，跟"某"的作用相近（如：有一天他来了）；7 用在"人、时候、地方"前面，表示一部分（如：有人性子急，有人性子慢）。我们暂且把上述"有"与"名词性成分"相组配的结构称为"有₁+名词性成分"。

其实，"有"除了跟名词性成分搭配以外，还有其他一些用法。一是出现在数量性成分前面，为便于行文，在此称之为"有₂+数量性成分"。例如：

（1） a. 他今天吃了有₂五碗饭。① （有₂+数量性成分）

　　 b. 他今天吃了五碗饭。

（2） a. 他身高有₂一米九。 （有₂+数量性成分）

　　 b. 他身高一米九。

例（1a）里的数量性成分"五碗"前插入了"有₂"，构成"他今天吃了有₂五碗饭"。（2a）的"一米九"前插入了"有₂"，构成"他身高有₂一米九"。

"有"的另一种用法是出现在动词性成分前面，为便于行文，我们称之为"有₃+动词性成分"，例如：

（3） a. 我有₃问过你意见吗？ （有₃+动词性成分）

　　 b. 我问过你意见吗？

例（3a）的主要动词"问"之前插入了"有₃"，形成"我有₃问过你意见吗"这样的说法。

我们再来看一下"有₂""有₃"与"有₁"的区别：首先，"有₁"在句子里做主要动词，不能省略，而"有₂""有₃"如例（1）（2）（3）所示，既便略去，也不会对句子的真值义产生影响；其次，"有₂""有₃"略去后，整个句法结构依然成立，而且真值义没有改变，说明这两个"有"不再是句子的主要动词，其语义也就必然不同于"有₁"，势必产生由实到虚的演变；最后，"有₂""有₃"在语义上有所虚化，说明它们与动词"有₁"发生分裂，词类归属有待讨论。

《现代汉语语法讲话》（1961）、《语法讲义》（1982）、《现代汉语八百词（增订本）》（1999）、《现代汉语词典（第6版）》（2013）等语法著述及辞书鲜有详细论述"有₂""有₃"的用法（较"有₃"而言，提及"有₂"的语法著述及辞书还相对多见）；不过，汉语本体语法研究领域倒是有很多与"有₂""有₃"相关的论文（温锁林，2012；金晶，2012；宗守云，2013；王明月，2014；庞加光，2015；中田，2018；胡乘玲，2019；王刚，2020；张亮，2021；等）。限于我们的阅读范围，关于"有₃"目前最为全面且最具说服力的研究当属张亮（2021）。该文指出，"有₃+动词性成分"在现代汉语中的普及是南北方言接触、融合，英汉对译这些外因及汉语语法发展的平衡与类推机制这一内因的共同作用的结果。现代汉语动词性成分前面出现的"有₃"是"体助词"，可被看作"体标记"（p.48）。

与已有研究对有₃的看法趋于一致有所不同，有关"有₂"的研究可以说是众说纷纭。

先看有关"有₂"的外延的看法。温锁林（2012）、王明月（2014）把考察对象聚焦于谓语位置上（2a）及动词补足语位置上（1a）的"有₂+数量性成分"。金晶（2012）、宗守云（2013）、庞加光（2015）、中田（2018）则仅考察动词补足语位置上的"有₂+数量性成分"（1a）。已有研究的分歧点主要就在于谓语位置上的"有+数量性成分"的"有"到底是"有₁"还是"有₂"。温锁林（2012:30-32）认为虽然这个"有"带有动词"有₁"的一些特性，虚化程度低于动词补足语位置上的"有₂"，但考虑到它所表现出来的一系列句法、语用特征，还是应该将其归入"有₂"。庞加光（2015:174）持反对意见，主张这个"有"可以通过"有没有"来提问，有时可以后接助词"了，过"，所以不是"有₂"而是"有₁"。本文认为谓语位置上的"有+数量性成分"是动词"有₁"发生虚化即向"有₂"演变的重要过渡期，兼有二者的语法特征。

再看有关"有₂"的来源、功能及词类归属的看法。温锁林（2012）认为"有₂"在虚化为自然焦点标记词的同时，继承了"有₁"表示超乎寻常的领有义，因此"有₂+数量性成分"表现出一种表大表多的语义特色（p.32）。王明月（2014）一方面赞成前文的"自然焦点标记词"说，一方面又主张"有₂+数量性成分"表大表多并非是"有₂"的作用，而是"有₂+数量性成分"自身的构式义。金晶（2012）认为"有₂"的语法作用体现在主观突显复数性（plurality）特征、触发预设等非真值语义方面，此用法是从"有"表"领有"义、"企及"义逐渐发展而来的，文章没有明确"有₂"的词性，而是将其作为今后的课题。宗守云(2013)把"有₂"称为主观估量标记；庞加光（2015）立足认知语法，以主体化（subjectification）学说为理论框架，主张"有₂"源自于表领属的"有₁"的主体化，并已从领属动词语法化为语基（ground）成分，另外还指出（p.181-182）"有₂"是主观大量的句法表达手段，要求其后的数量性成分只能表示主观大量。

最后是有关"有₂+数量性成分"的语用功能的看法。温锁林（2012）、金晶（2012）、中田（2018）等把"有₂+数量性成分"看作一个句法结构，主张此结构在表意上呈现出表大表多的特征，排斥表小表少。还有一部分研究把其看作一个构式，例如，宗守云（2013）认为"动词+有₂+数量性成分"是用来表达说话人对数量主观估测的构式；王明月（2014）主张"有₂+数量性成分"是一个带有主观评价的表大表多的构式；王刚（2020）的看法则更为复杂，认为"有₂+数量性成分"前没有动词时具有明显的表大、表多的语义倾向（p.102）②，而该构式前有动词时，基本构式义是表示估量，但是当数量性成分满足两个条件—"相关的数值容易得出，不需要去估计"或者"后面的数量本身远离客观实际，仅仅追求一种修辞效果"之一时，表示的是主观大量（p.104）。

总体来讲，关于"有₂"的语法作用大体有四种观点：①自然焦点标记；②突出复数性特征，触发预设等非真值语义；③主观估量标记；④语基成分。至于"有₂+数量性成分"的语用功能，大多数研究都认为此结构表大表多，排斥表小表少；也有研究认为是表示数量的主观估测。在此，我们有两点疑问：第一，"有₂"的语法作用到底是什么？第二，前人大多主张"有₂+数量性成分"用于表大表多，那么该如何看待以下用例呢？

（4）四天三宿，加起来睡了有 10 个小时就不错。每天都哭得喘不上气，然后眼睛肿肿的去上班，煎熬着一天又一天，这几天简直就是度日如年，我觉得自己好像快要死掉了。（BCC 微博语料）

结合上下文可以看出，例（4）的"有 10 个小时"表述睡眠时间很短，也即是用于表小表少的。

另外，将"有₂"与"数量性成分"捆绑分析，真的能够看清"有₂"的本质吗？本文拟围绕以上疑问，对问题展开研究。此外，为使行文简洁，我们在引用有关"有₂"的已有研究时，在确保术语内涵一致的前提下，均以本文说法代之。

二、"有₂"后"数量性成分"的特点

"有₂"究竟可以搭配哪些数量性成分？或者说，"有₂"对与之共现的数量性成分究竟有何要求？这是我们了解"有₂"的性质和功能的前提。请看例句：

（5）a. 英语他学了有₂六年了。

　　　b. 英语他学了六年了。

（6）a. 他有₂三天没回家了。

　　　b. 他三天没回家了。

（7）a. 这座住了有₂二十几年的房子马上就要被卖掉了。

　　　b. 这座住了二十几年的房子马上就要被卖掉了。

（8）a. 这孩子 5 岁就有₂一百多斤了。

　　　b. 这孩子 5 岁就一百多斤了。

（9）a. 他已经去了有₂十五六次了，可还是没有见到本人。

　　　b. 他已经去了十五六次了，可还是没有见到本人。

（10）a. 他比他弟弟多喝了有₂五六杯。

b. 他比他弟弟多喝了五六杯。

例（5a）~（7a）里的"六年""三天""二十几年"都是表示时间长短的时间量成分；例（8a）里的"一百多斤"是表示事物重量的物质量成分；例（9a）里的"十五六次"是表示动作次数的动作量成分；例（10a）里的"五六杯"是表示事物数量的物质量成分。

通过以上用例可以看出，"有₂"可与各类数量性成分组合，具体情况可整理如下：

"有₂" ＋ 数量性成分

      A：时间量（5a）（6a）（7a）

      B：物质量

           事物重量（8a）

           事物数量（10a）

      C：动作量（9a）

图1 "有₂"与各类数量性成分

但是，这并不意味着"有₂"对数量性成分没有选择性。仔细考察上述 A, B, C（图1）三类数量性成分就会发现，其实不同的"量类"对数词的选择范围是不一样的。如图2所示，表示事物重量的物质量以及表示时间长短的时间量对数词的要求最为宽泛，实数概数均可；其次为表示事物数量的物质量；最为严格的是表示动作次数的动作量。

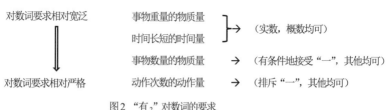

图2 "有₂"对数词的要求

可以说，动作量完全排斥数词"一"，我们不会说"他去日本去了有一趟"，"那本书他看了有一遍"，"我找你找了有一次"⑧等等。金晶（2012:107）指出"有₂"只出现在具有复数性的数量性成分前，认为数词为"一"的动作量所指称的是"不可再分的单次个体事件，不涉及子事件的累加"，也即不具备复数性，所以上述数词是"一"

的例子都不成立。同时金晶(2012:107)还认为,像"那种款式的衣服她买了有₂一件"这样的数词为"一"的"V了+有₂+一+名量词+(NP)"也会因为不具有复数性而不成立(本文所述"事物数量的物质量")。我们同意金晶(2012)关于动作量排斥数词"一"的分析,但是认为表示事物数量的物质量排斥数词"一"的说法还是值得商榷的。在我们看来,不能成立的只是"一+个体量词+可数名词"的情况,若是换成"一+临时量词+不可数名词"的话,在有些情形下还是可以成立的。比如,一般来说,"今天他吃了有₂一碗饭"确实不够自然,可是在"一"和"碗"之间插入形容词"大",说成"今天他吃了有₂一大碗饭"就很自然。再如,如能给出一个合理的语境,说成"病好了,今天他吃了有₂一碗饭",也没有什么不妥。这些情况都无法用金晶(2012)所说的"复数性"来解释。

此外,"有₂+数量性成分"可以占据多种句法位置。例(5a)的"有₂六年"置于句子的主要动词"学"之后,占据补语位置。例(6a)的"有₂三天"置于主要动词"回"之前,占据状语位置。例(7a)的"有₂二十几年"置于定中结构的修饰语部分,占据定语位置。例(8a)的"有₂一百多斤"占据谓语位置。例(9a)的"有₂十五六次"置于动词"去"之后占据补语位置。例(10a)的"有₂五六杯"用于比较句式,表示的是比较的结果,可视为占据宾语位置。

三、"有₂+数量性成分"再考

"有₂"从句法层面上来讲,或许可被看作一个有无均可的冗余成分。但若着眼于语用层面,我们会发现数量性成分前是否插入"有₂",在表达效果上是有明显不同的。金晶(2012)认为数量性成分前插入"有₂"的作用并非是改变一个句子的真值语义,而在于触发"现有数量已经超出了说话人原有预期值"这一预设,"有₂+数量性成分"一般不允许出现表达主观小量义的句法成分,整个结构带有一种主观大量的表述效果。温锁林(2012)也认为插入"有₂"后,"有₂+数量性成分"表大表多,排斥表小表少。宗守云(2013)不同意金晶(2012)与温锁林(2012)的说法,主张"数量性成分"前插入"有₂"后,整个构式用来表达说话人对数量的主观估测。

我们认为上述研究都只看到了"有₂"的某一侧面。首先,"表大表多"说将"有₂"用于"表小表少"的语言事实排除在外,对语言事实的反映不够全面。例如:

(11)不久新生也入学了,不过今年才来了有三四百人。(引自宗守云 2013:89,

为行文方便，按本文例句序号排序，下同）

例（11）是宗守云（2013）反驳"表大表多"说时所用例句，句中的"有三四百"的言外之意不能被理解为"来的人多"，只能解释为"来的人少"即"表小表少"。遗憾的是，此用法没得到该文足够重视，仅止于以其反驳"表大表多"说。

其次，"数量主观估测"说主张与"有₂"搭配的数量性成分一定要具备概数性特征，类似例（12）这样的太过于具体且确定性强的数量性成分前面不能插入"有₂"（宗守云，2013:86）。

（12）他一发火，就廷杖了一百三十四人，死了十六人（*⑧廷杖了有一百三十四人，死了有十六人）。（宗守云，2013:86）

（13）我印象中记得家里养了有六条狗，我都特别的疼。（BCC微博语料）

本文认为例（12）不宜插入"有₂"的理由并非在于该数量性成分不是概数成分，而是因为语境（主要是指上下文）与"有₂"的表述特征不相匹配。具有反证价值的是，例（13）的"六条狗"同为"定量"成分，但前面可以比较自由地插入"有₂"。

此外，很多研究把"有₂+数量性成分"看作一个结构，甚至有些研究将其看作一个构式。"有₂"看起来似乎是依附于数量性成分的，但把"有₂+数量性成分"看作一个固定的结构或构式来讨论，似乎也并不是非常妥当的。这就像形容词谓语句里插入"是"（今天很热/今天是很热），但却不能把"是"和其后的形容词作为一个整体加以分析一样。为此，我们试图摆脱"有₂+数量性成分"一体化的束缚，重新认识"有₂"的语法作用。

本节先依循以往研究把"有₂+数量性成分"看作一个整体的思路，根据已有研究成果，对激活"有₂"或者说"有₂"入句的条件加以梳理。在此基础之上，具体阐述我们的观点。

3.1 主观估量

一般来说，整个语境的估测性越强，就越容易激活"有₂"。例如：

（14）（两个人指着地摊上的苹果，其中一个人说）

　　　a. 我看，这些苹果有₂十斤。

　　　b. 我看，#这些苹果十斤。

（15）这一书架的书，得有₂一千多本吧。

（16）我记得他去日本去过有₂十五六次。

(17) 他昨天大概学了有₂一个小时。

(18) 他比我大了有₂五六岁吧。

如例（14）所示，在说话人指着地摊上的苹果猜测重量时，用"有₂"恰到好处，非常自然；若是不用"有₂"，说成"我看，这些苹果十斤"（14b），句子的可接受度就会降低，显得很不自然。"我看"本来就是用于表达说话人的估测等主观评价的话语标记，后续句子自然应以含有表估测意义的成分为佳。而去掉"有₂"，"这些苹果十斤"表达的是对定量的肯定，不含任何估测的意味，所以是很难融入估测性语境的。宗守云（2013:85）也曾提到，在这样的语境里除了不能省略"有₂"以外，还可以插入"可能""也许"等表示估测义的状语。

从句法表现来看，首先，如其他研究所指出的那样，数量成分中的数词并非如宗守云（2013）所述，一定要具有概数性，例（14）就是证明。其次，句中经常伴随表示估测义的副词"可能""也许""大概""差不多""估计"等（参看宗守云，2013）。再次，表估测义的句末语气词"吧"也常常出现在句子里，如例（15）。从表述功能上看，说话人使用"有₂+数量性成分"，对物质量—事物的数量（例15）（例18）/重量（例14）、动作量—动作的次数（例16）、时间量—时间的长短（例17）等进行主观估测的目的是，根据自己的经验认知或感官判断，给出一个最为贴近客观事实的估测数值。比如，例（14a）就是说话人凭借经验及视觉/触觉进行综合判断，极力给出接近"这些苹果"的真实重量值的估测重量。

3.2 主观大量与主观小量

在语言交际中，当某个事物的数量的多少、某个动作持续时间的长短/发生次数的多少，抑或是某种属性的程度值超出了说话人的预估值时，"有₂"就会被激活。

如前所述，"有₂+数量性成分"用于"表大表多"，一直以来都是汉语语法学界的主流意见（温锁林，2012；金晶，2012；王明月，2014；庞加光，2015；中田，2018；胡乘玲，2019；等）。从句子的构成来看，该结构常伴随有表示主观大量的副词"足足、至少、起码"等，或在数量性成分后加上表示量大的"之久"等（温锁林，2012；金晶，2012；等），句末则容易使用表达夸张语气的语气词"呢"。例如：

(19) 她昨天在家足足哭了有₂一个晚上呢。

(20) 他们在上海至少住了有₂一年之久。

(21) 这个故事他起码讲过有₂十遍。

很多研究都主张"有$_2$+数量性成分"排斥表示主观小量的副词"才、仅（仅）、只、不过"等（温锁林，2012；金晶，2012；等），但宗守云（2013）却给出了反例，如前述例（11）及下例：

（22）从来没有享受过这种待遇的我当时心想：给人献血真不错，还可以天天吃鸡蛋。其实也不过吃了有半个月就结束了这份优越的待遇了。（宗守云，2013:89）

（23）四天三宿，加起来睡了有 10 个小时就不错。每天都哭得喘不上气，然后眼睛肿肿的去上班，煎熬着一天又一天，这几天简直就是度日如年，我觉得自己好像快要死掉了。（同（4））

（24）吉明只愣了有半秒钟，发狂地尖叫一声，向自己的汽车奔去。（《替天行道》）

（25）像 1 月 10 日凌晨的月全食，每 19 年才有一次，这个周期称"沙罗周期"。（《人民日报》2001）

（26）即便当时某些最兴旺的企业所得红利亦很低，例如商务印书馆为 7.5%，南洋兄弟烟草公司仅有 5%，而孔祥熙发行的公债纯利超过 20%。（《宋氏家族全传》）

例（23）虽然没有出现表示主观小量的副词，但是我们可以通过前后文"四天三宿"等，判断出"有 10 个小时"说的是睡眠时间短。例（24）副词"只"与"有半秒钟"共现，表明"愣"的时间短。此两例中的"有$_2$+数量性成分"居于句子主要动词之后。例（25）（26）中的"有$_2$+数量性成分"居于谓语位置，并通过与"才""仅"搭配，凸显"月全食发生频度之少"及"南洋兄弟烟草公司所得红利之低"。

不过，在语料的收集与整理中，我们发现，"有$_2$+数量性成分""表小表少"用法的能产量确实远远低于"表大表多"。张耕（2022）指出，当一个情感范畴里的成员单独作用于一个量性成分时，通常是表达主观大量的，比如，表示"意外"的"竟然"与时间量"一周"搭配的"竟然下了一周的雨"，表示的就是主观大量（pp.216-217）。究其原因，该文认为，在认知上，体量"大"一般要比体量"小"更容易获得人们的关注（p.217）。人们总是在无意识地关注正向的事物并将其转化为语言编码。比如：我们说"宽度"不说"窄度"，说"长度"不说"短度"，说"高度"不说"低度"。在选取参照点时也是如此，显著度高的事物容易被选择作参照点。比如：我们说"车站旁边的自行车"，不会说"自行车旁边的车站"。关于"有$_1$"，根据刘丹青（2011）的分析，现代汉语"有"字领有句具有表好(褒义)和表多（主观大量）的语义倾向，领有句宾语强烈地排斥负面定语和主观小量定语。温锁林（2012）进一步提出，"有₂"继承了"有"字领有句表示超乎寻常的领有义。我们认为，人们这种偏向正向认知的思维方式正是造成"有₂"主观小量用法比主观大量用法能产量低的原因所在。

总之，我们与其纠结"有₂+数量性成分"究竟是表示主观大量，还是主观小量，倒不如将二者都视为"有₂"的用法。其实，无论是"表大表多"，还是"表小表少"，都可被理解为"实际的数量值严重偏离说话人的主观预估值"。正向偏离时表现为主观大量，负向偏离时表现为主观小量。

四、"有₂"的语法作用

如作更进一步分析，本文认为主观估量及主观大量、主观小量，并非完全是"有₂"或"有₂+数量性成分"的表意功能。请先看两组例句：

（27）a. 证人席右侧，这时挤了有二十多个人。（《生死剑》）

b. 老师可怕的脸色足足保持了有一分钟，随即突然变得笑眯眯了，他的脸色在转变的那一瞬间极其恐怖。（《在细雨中呼喊》）

c. 呆子抹抹脸道："又是这长老没正经！二百四十家大户都请，才吃了有三十几顿饱斋，怎么又弄老猪忍饿！（《西游记》）

（28）a. 今天去了十八个人。

b. 今天去了有₂十八个人。

c. 今天去了有₂十八个人吧。

d. 今天足足去了有₂十八个人呢。

e. 今天才去了有₂十八个人。

在例（27）中，无论"有₂"是否出现，出现概数结构"二十多个人"的（27a）依旧表达主观估量；插入主观大量副词"足足"的（27b）依旧表达主观大量；使用主观小量副词"才"的（27c）依旧表达主观小量。

例（28a）表达的是客观计量，也就是说，实际"去的人数"就是"十八个人"。而插入"有₂"的例（28b），凭借我们的语感，便可以感知到与（28a）的表达效果不同，但是该句并没有明确突显主观估量或主观大量、主观小量的倾向，需要经过句法环境(共现成分)或者语用环境的塑造，才能获得表估量及表大表多或表小表少的表述效果。譬如（28c）凭借估量语气词"吧"获得主观估量效果，例（28d）凭借主观大量副词"足足"与句末语气词"呢"获得主观大量效果，例（28e）凭借"才"获得主观小量效果。由上可知，主观估量及主观大量、主观小量的表达效果并不是完全由"有₂"带来的，更不是"有₂+数量性成分"本身所具有的。我们要弄清"有₂"在句子中的表达功用，不妨先看一下它所不能出现的语境。例如：

（29）"这个农场去年效益不错。大年三十，犯人们吃上了十五道菜，这是以前没有过的。"曾宪章说这句话时的表情，比他自己吃了十五道菜还高兴。（《人民日报》1993.1）

（30）1989年，戴卫东管理的犯人中新添了6名聋哑人。（《人民日报》1994.1）

（31）在未来6周里，警方将释放4500名犯人，并在以后的10个月里再释放3000人。（《人民日报》1993.1）

例（29）的"吃了十五道菜"、例（30）的"新添了6名聋哑人"、例（31）的"释放4500名犯人"里的动词与数量性成分之间都不能插入"有₂"，此三例均属客观叙事语体，前两例为已然事态的叙述，后一例属未然事态的叙述。与可以插入"有₂"的用例相比较，不难看出，"有₂"排斥客观叙述语境，偏好主观表述语境。也就是说，"有₂"映射着说话人的认识。我们知道，表示"存在、领有"是"有₁"最基本的语义，比如"他们公司有₁三千员工"所表述的是客观世界里的"存在、领有"，句子主语"他们公司"是"三千员工"的存在处所或领有者，或者说，"他们公司"是"三千员工"的唯一关涉项；而含有"有₂"的"他们公司招了有₂三千员工"所表述的是说话人的认知中的量范畴的存在，看似冗余的"有₂"的介入引出了一个隐含的高层次的言者主语即说话人，后者成为数量成分"五六次"的关涉项。沈家煊（2001:271）谈到，"He must be married"里的情态动词"must"表示"必须"义时，属于行动情态，表达主语"he"客观上要采取某个行动；但是当"must"表示"必定"义时，就会隐含一个言者主语，表达是说话人认定"他结婚了"这一主观认识。这与"有₁"到"有₂"的演变规律很是相似，都是通过"隐喻"机制，从物理世界这一具体的认知域向"认识"这个比较抽象的认知域的投射。因此，我们认为"有₂"是作用于整个句子的主观情态成分，是说话人在话语中留下的自我印记，表明句中数量概念含有说话人的主观认知因素。

另外，主观量有大小之分，就其本质而言，主观大量与主观小量就是在说话人主观估测的基础上形成的反向的附加语用功能，即如前所述，当实际值高出说话人的主观预估时则解读为主观大量；当实际值低于说话人的主观预估时则解读为主观小量。

五、结语

语法研究的目的之一是为对外汉语教学提供帮助。动词"有₁"是初级汉语教科书里的一个语法点，而关于"有₂"，据我们对手头的初、中、高级汉语教科书以及针对学习者的参考书的调查，尚未发现有相关书籍具体收录此语法点。我们知道"有₂"在汉语母语话者的日常会话中的使用频率相当高，在文学作品中也是随处可见。鉴于此，如何将"有₂"的研究成果应用于对外汉语教学，将成为我们今后的课题。

附注

① 文章中未标明出处的例句均由笔者自拟。
② 王刚（2020）在论述"ø+有+数量性成分"时，列举了大量下面这样的兼语句/连动句的例子。本文认为这类句子中的"有"并不是"有₂"，而是"有₁"。
   二战期间，有600多万美国妇女加入国家劳动大军，国防工业雇用了大量女性。

(引自王刚，2020:101)

③ 将这里的数词"一"替换成其他实数或概数的话，句子都可成立。
   如："他去日本去了有十趟""那本书他看了有七八遍""我找你找了有十来次"。
④ 本文所用标记符号"*"表示此句子不符合汉语母语话者的语感，即不合语法。
   "#"表示此句不能用于当前语境，既不合语用。

参考文献

丁声树（等）1961.《现代汉语语法讲话》，北京：商务印书馆。

胡乘玲 2019.《说"V+有+数量结构"构式》献疑，《中国图书评论》第12期：64-68。

金 晶 2012."V了+有+数量短语+（NP）"中"有"的用法特点，《汉语学习》第3期：104-112。

刘丹青 2011."有"字领有句的语义倾向和信息结构，《中国语文》第2期：99-109。

吕叔湘（主编）1999.《现代汉语八百词（增订本）》，北京：商务印书馆。

庞加光 2015."有+数量结构"：从客体观照到主体观照，《当代语言学》第2期：172-187。

任 鹰 2013."个"的主观赋量功能及其语义基础，《世界汉语教学》第27卷第3期：362-375。

沈家煊 2001. 语言的"主观性"和"主观化"，《外语教学与研究》第4期：268-275。

王 刚 2020. 现代汉语"有+数量结构"构式的类型及构式义再探，《湖州师范学院学报》第5期：100-105。

王明月 2014. 句末"有+数量结构"的构式及话语功能探析，《语言教学与研究》第5期：61-68。

温锁林 2012."有+数量结构"中"有"的自然焦点凸显功能，《中国语文》第1期：29-37。

张 耕 2022. 现代汉语主观量的表达机制及其实现条件，《世界汉语教学》第2期：211-224。

张 亮 2021. 接触与类推:"有+VP"结构在普通话中的接受,《汉语学习》第 2 期:37-49。

中国社会科学院语言研究所词典编辑室(编)2013 《现代汉语词典(第 6 版)》,北京:商务印书馆。

中田聪美 2018. "V 了+有+数量構造"に関する認知的考察—"V 了+数量構造"との比較を通して,『現代中国語研究』第 20 期:51-61。

朱德熙 1982.《语法讲义》,北京:商务印书馆。

宗守云 2013. 说"V+有+数量结构"构式.《语言教学与研究》第 5 期:84-90。

现代汉语"让"字情感致使构式研究*

——以日本汉语学习者的偏误案例为切入口

黄勇

（浙江师范大学）

摘要： 本文以日本汉语学习者产出的偏误案例为切入点，探讨"让"字情感致使构式。首先，我们通过对收集到的 108 个情感谓词进行匹配测试，发现 96 个可进入该构式，其中以"感动"为典型成员，以"爱"为边缘成员。然后，我们通过大量实例对程度副词在该构式中的所处位置进行分析，发现程度副词在句中的位置倾向不仅与它们本身的主观性强弱有关，还会受<情感主体>的性质影响。通过这两点的考察分析，不仅有助于加深我们对情感致使构式的认识，同时还能为汉语教学服务。

关键词： "让"字 情感致使 偏误 情感谓词 程度副词

一、引言

在现代汉语中，带标记词的情感致使构式能产性较高，如以"让"字为例①，其形式为"S+让+O+V"。在此构式中，致使标记词"让"连接<刺激体>和<情感主体>，即 S 为<刺激体>，O 为<情感主体>，例如：

（1）这些故事着实让人感动。（BCC）②

（2）你让我很失望。（BCC）

而日本汉语学习者在使用"让"字情感致使构式时，容易产生偏误，例如：

（3）*确实万里长城的雄伟景观让人震动。（HSK 动态作文语料库）③

（4）*比如说、试卷上的事件的结果是让我真失望的。（HSK 动态作文语料库）

观察上述两例偏误句，不难发现，（3）是情感谓词用词不当，即"震动"一词是无法进入"让"字情感致使构式的，它一般与"SVO"形式的情感构式匹配度较高，例如：

（5）"6·19"奇案的发生，震动了全村村民。（BCC）

若要将（3）修改成符合汉语习惯的句子，需要将"震动"换成其近义词"震撼"。

（3'）确实万里长城的雄伟景观让人**震撼**。

---

* 本文为 2022 年度浙江省社会科学界联合会研究课题成果（课题编号：2022N22）。

可见日本汉语学习者在情感谓词与构式的搭配上容易出现偏误。再看偏误句（4），不难发现，情感谓词"失望"前的程度副词"真"用在此处是不恰当的，应换成"很"。

（4'）比如说、试卷上的事件的结果是让我**很**失望的。

通过偏误句（4）的修改，可发现，在使用"让"字情感致使构式时，程度副词的选择对于日本汉语学习者来说也是一个难点。

由此可见，我们有必要站在学习者的角度对"让"字情感致使构式进行考察和分析。本文将以日本汉语学习者产出的偏误句为切入口，拟对"S+让+O+V"这一形式的情感构式进行内部要素分析，以期为汉语语法研究和教学提供帮助。

二、先行研究

关于情感致使构式，国内外学者都有关注，但国内学者对该构式的研究起步较晚，主要集中在对"得"字情感致使构式的研究。如潘震（2014）具体分析了情感致使构式"NP+VP1+得+VP2"内部各要素的互动过程，并深入挖掘了其深层认知动因，即认知转喻机制。文旭，段红（2018）从认知角度探讨了"得"字情感致使构式的构式化过程及其范畴内部成员之间的互动关系。而日本学者对情感致使构式的研究起步较早，最早谈及到汉语情感致使构式的是大河内康宪（1997），具体分析了带有"使、令"字的致使构式。此外，古川裕（2003）分析了感受谓语句的句法特点，揭示出"叫/让/使/令"字句和"为"字之间有类似双指向性成分的对应关系。

先行研究主要从认知角度探讨了情感致使构式的形成机制、内部成分的互动关系以及和其他构式之间的语态变换。然而，从偏误角度去分析情感致使构式的研究，至今尚未见到。本文将选取情感致使构式中较为常见的"S+让+O+V"形式为研究对象，站在学习者的角度去考察能进入该构式的情感谓词的特征以及程度副词的位置问题。

三、情感谓词的界定与收集

3.1 以往的研究

情感谓词一般分为情感动词和情感形容词。关于情感动词，以往的研究一般都将其看作心理动词，如周有斌，邵敬敏（1993）、丰竞（2003）等。近年，有将情感动词单独分出来的趋势，如宋成方（2012）通过问卷调查的方式归纳出一个包含 67 个词语的情感动词列表，并根据语法特征将它们主要分成三类：

第一类（34 个）：懊悔、抱歉、不怕、不畏、惭愧、诧异、吃惊、担心、担忧、反感、顾忌、顾虑、害怕、后悔、欢喜、悔恨、惊奇、惊讶、惊异、满意、气愤、气恼、庆幸、生气、讨厌、痛心、惋惜、无愧、欣慰、兴奋、厌烦、遗憾、忧虑、中意

第二类（25 个）：爱、爱慕、爱惜、恻隐、崇拜、妒嫉、妒忌、感激、恨、怀念、嫉妒、忌妒、敬畏、敬仰、可怜、怜悯、怜惜、疼爱、同情、痛恨、喜爱、羡慕、心疼、怨恨、憎恨

第三类（5 个）：打动、感动、伤害、委屈、振奋

其他（3 个）：纠结、恋恋不舍、难割难舍

宋成方（2012:13）认为这三类情感动词的共同特征是：1）能进入"很+__+宾语"结构；2）后面能够加"着"；3）单说不需要加"了"；4）后面能够直接跟语气词；5）能够用"不"否定。此外，除共同特征以外，第一类动词还具有 6 项同的语法特征；第二类动词还具有 8 项同的语法特征；第三类动词还具有 7 项同的语法特征。可见，宋成方（2012）的分类十分细致，对我们的研究有大的参考价值。但从对外汉语教学的角度去看的话，这个分类以及其语法特征则会出现一些不足，如若按共同特征1），汉语学习者则可能会造出以下例句：

（5）*我很吃惊这件事。

（6）*我很生气这件事。

关于情感形容词，在现代汉语语言学研究中已经是一个比较确定的类别，如卢莹（2002）、赵春利（2007）和赵春利，石定栩（2011）已经对情感形容词的形式判别标准以及语义特征等方面进行了分析。在此基础上，宋成方（2015:65）通过问卷调查的方式归纳出一个包含 81 个词语的情感动词列表，并根据语法特征将它们主要分成两类：

第一类（73 个）：欣喜、骄傲 1[④]、窘迫、惊恐、惆怅、无奈、郁闷、伤心、委屈、悲伤、悲痛、兴奋、愤怒、沮丧、愉快、不满、哀伤、哀痛、哀怨、悲哀、悲愤、不快、不平、沉痛、愁苦、愁闷、得意、动情、烦闷、烦恼、烦扰、烦躁、负疚、感伤、高兴、欢乐、欢喜 a[⑤]、欢悦、激动、焦急、焦虑、绝望、开心、恐慌、苦闷、苦恼、快乐、乐意、难过、难堪、内疚、愧疚、伤悲、伤感、失落、失望、痛苦、喜悦、心酸、羞惭、羞愧、羞怯、忧愁、忧烦、自豪、糟心、烦心、称心、焦心、闹心、不耐烦、愤慨、忧伤；

第二类（7个）：懊丧、低落、亢奋、激昂、焦躁、激奋、情绪高涨；

其他（1个）：兴致勃勃

之所以将它们分成两类，宋成方（2015:63）认为是因为第二类与第一类相比，有下面3个方面的不同：

第一，它们的主语是"主观物"，如：

（7）就这样，小五的思想包袱越背越重，情绪显得非常低落，整天垂头丧气地一个人坐在小酒馆里喝闷酒，醉了就一个人跑到村……

第二，它们的使动用法也需要它们的"小主语"的出现，如：

（8）提议食用水果时必须有所节制。一位传记作家写道："吃水果的确会使人情绪低落，而且往往是患斑疹伤寒的原因。"

第三，它们作定语时，其中心语也多为"主观物"，如：

（9）俩人还反复向冯某介绍肺癌的相关治疗知识。经过多次交谈，冯某低落的情绪变得平和，并主动配合治疗。

可见，宋成方（2015）对情感形容词进行了更加精细的分类。他在筛选情感形容词过程中，首先使用的是下面两条标准：

a）很__

b）*很__宾语

但很多语言事实告诉我们，有一部情感形容词也具有带宾语的能力，如孔兰若（2014）通过 CCL 语料库调查了情感形容词带宾语的情况，得到可以带宾语的情感形容词54个，其中带宾语能力强的情感形容词有如下例子：[6]

不满（321）、恶心（13）、烦₁、烦₂（36）、激动（12）、恐惧（26）、平静（10）、愉悦（19）、振奋（1294）

3.2 情感谓词的收集

孔兰若（2014）的研究给我们很大启示，但汉语当中有很多词兼有动词和形容词的特性，如上例中的"烦"、"振奋"等词具有很浓厚的兼类词色彩，我们无法判断其进入"很__宾语"结构时，到底是动词还是形容词。因此本文对充当谓语的情感词汇不分其词性，统称为"情感谓词"。

另外，关于情感谓词的判别标准，固然前人所给出的句法上的判别标准很重要，但我们认为从意义上去判别更为重要，尽管我们很难从意义上给出一个确切的定义，正如

Shaver, Wu & Schwartz（1992:177）论述道：

Despite an enormous increase in research on emotions in recent years, there is still no widely accepted definition of *emotion*. As Fehr and Russell (1984, p. 464) observed, "Everyone knows what an emotion is, until asked to give a definition." Despite this lack of consensus, subjects in Fehr and Russell's studies (and in subsequent studies conducted in other countries; see references in Shaver et al., 1987) largely agreed on which of a long list of psychological states are, and which are not, good examples of the category.

从上述这段话中，我们可以得知，每个人都知道情感是什么，但很难给出一个被广为接受的定义。然而，本族语使用者对于哪些词语可以表达典型的情感，有大致统一的认识。

综上所述，我们通过内省的方法，对《新汉语水平考试大纲》中的词汇进行逐一测试，结果获取了 96 个情感谓词。但我们发现有些常用的情感谓词未被收录到《新汉语水平考试大纲》中，因此我们又通过对先行研究的参考以及笔者的语言生活经验，补充了 12 个常用的情感谓词。最终归纳出一个包含 108 个情感谓词列表：

表 1 情感谓词一览表

新 汉 语 水 平 考 试 大 纲	一级	爱、高兴、喜欢
	二级	快乐
	三级	担心、放心、关心、害怕、难过、生气、着急
	四级	抱歉、吃惊、烦恼、感动、害羞、后悔、激动、骄傲、紧张、开心、可怜、可惜、伤心、失望、讨厌、同情、羡慕、兴奋、幸福、尊重
	五级	爱惜、不安、惭愧、发愁、恨、怀念、慌张、灰心、寂寞、可怕、满足、佩服、热爱、荣幸、疼爱、痛快、委屈、无奈、吓、想念、遗憾、自豪、尊敬
	六级	爱戴、悲哀、崇拜、崇敬、恶心、反感、愤怒、尴尬、甘心、感慨、孤独、关怀、光荣、欢乐、悔恨、急躁、嫉妒、焦急、惊奇、惊讶、沮丧、绝望、可恶、空虚、恐惧、留恋、茫然、藐视、蔑视、难堪、恼火、思念、惋惜、嫌、心疼、欣慰、着迷、震撼、震惊、着想、自满
笔者内省		愁、烦、烦躁、急、惊、乐、满意、怕、气、嫌弃、心痛、郁闷

四、"让"字情感致使构式的内部考察

4.1 情感谓词的特征

我们对表1中的108个情感谓词进行测试，发现可以进入"让"字情感致使构式的有96个，大约占整体的89%。我们将其进行语义分类，可得出21个义项，请看下表：

表2 可进入"让"情感致使构式的情感谓词

分 类	词 例
"感动"类	感动、感慨、激动
"羡慕"类	崇拜、崇敬、佩服、羡慕、尊敬、尊重
"失望"类	灰心、绝望、失望
"同情"类	可怜、同情、心疼
"讨厌"类	恶心、反感、恨、嫉妒、讨厌、嫌弃
"高兴"类	高兴、欢乐、开心、快乐、乐、痛快、兴奋、幸福
"喜欢"类	爱、爱戴、爱惜、热爱、疼爱、喜欢、着迷
"担心"类	不安、担心、紧张
"害怕"类	害怕、恐惧、怕
"难过"类	悲哀、沮丧、难过、伤心、痛苦、委屈、心痛
"怀念"类	怀念、留恋、思念、想念
"满意"类	满意、满足、欣慰
"吃惊"类	吃惊、惊、惊奇、惊讶、吓、震撼、震惊
"放心"类	放心
"烦恼"类	愁、发愁、烦、烦恼、烦躁、慌张、急、急躁、焦急、恼火、郁闷、着急
"后悔"类	甘心、后悔、悔恨、惋惜、无奈、遗憾
"生气"类	愤怒、气、生气
"惭愧"类	惭愧、尴尬、害羞、难堪
"骄傲"类	骄傲、自豪、自满
"寂寞"类	孤独、寂寞、空虚
"茫然"类	茫然

从表2可以得知，双音节情感谓词占主导地位，大约占90%。相比之下，单音节的

情感谓词大约只占10%。双音节谓词基本上能以光杆形式出现在"让"字情感致使构式中，而单音节谓词则不行，需要其他附加成分加以辅助。试比较以下例句：

（10）您来信中对我的慰问让我**感动**。（BCC）

（11）草原游牧民族的幸福生活让人**羡慕**。（BCC）

（12）"啊！你让我**烦透**了。"（BCC）

（13）做的梦让人**气**得发抖。（BCC）

在（10）和（11）中，双音节"感动"和"羡慕"前后都没有附加成分。然而在（12）和（13）中，单音节情感谓词"烦"和"气"的后面都带有附加成分，即"烦"之后附加了程度补语"透"和句末语气词"了"；"气"之后附加了"得"字和程度补语"发抖"。如果我们去掉这两个例句中的附加成分，可接受度则会变得很低。

（12'）＊"啊！你让我**烦**。"

（13'）＊做的梦让人**气**。

以上两个句子在汉语中很难让人接受，但如果将句中的单音节情感谓词换成语义相近的双音节情感谓词，则会变成自然的句子。例如，可作如下修改：

（12"）"啊！你让我**烦躁**。"

（13"）做的梦让人**生气**。

从音节的角度可以看出，能进入"让"字情感致使构式的情感谓词双音节较为典型。此外，通过语料库调查，发现情感谓词"感动"是双音节词中使用频率最高的。因此，我们可将情感谓词"感动"作为能进入该构式的典型成员。

这里需要注意一点，邓守信（1984）认为情感谓词"喜欢"不能进入致使构式中，但在语言事实中却存在反例。例如：

（14）现代社会的都市，人多已经不再是优势，相反，<u>清静的新潟倒更让人**喜欢**</u>。

（BCC）

通过观察（14），可发现"喜欢"出现在"让"字情感致使构式中语感上并无明显的不妥之处。当然，与"感动"这一相对被动的情感体验相比，"喜欢"作为一种相对主动的情感体验，与致使构式的匹配度并没那么高，但两者绝不是相互排斥的关系。

此外，邓守信（1984）还认为，适用于SVO结构的单音节动词"怕"是属于被动的情感体验，也可进入致使构式。然而，在举例时却将单音节词"怕"换成了语义相近的双音节词"害怕"。

（15）a. 他很**怕**明天的考试。

　　　b. 明天的考试叫他很**害怕**。（邓守信 1984: 178）

如果直接将（15a）中的"怕"挪用到致使构式（15b）当中去，可接受度则会降低。这也从侧面佐证了上述观点，即单音节词与致使构式的匹配度没有双音节词高。

（15）c.?明天的考试叫他很**怕**。

在单音节情感谓词方面，一般认为"爱"一词比"怕"等其他单音节情感谓语具有更强的主动情感色彩，因此我们可以推断情感谓词"爱"与"让"字情感致使构式的匹配度更低。事实上，通过语料库搜索也只发现 1 例，请看下面的例句：

（16）1 岁不到 5 个月的小 P 妞，接过爸爸捡起来的布娃娃，咬着字说"谢谢"，<u>着实让人**爱**得慌</u>。（BCC）

在（16）中，"爱"后面附加了"得"字和程度补语"慌"，正如前文已经提到的，如果删除附加成分，句子则无法成立。因此，我们可将"爱"一词作为能进入该构式的非典型情感谓词。

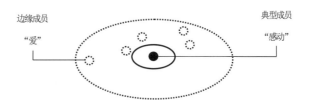

图 1 能进入"让"字情感致使构式的情感谓词范畴

4.2 程度副词的位置

前文我们已经提到，能进入"让"字情感致使构式的双音节情感谓词即使是光杆形式也可以使句子成立。但通过观察语料库，我们发现带有程度副词的情况占多数，例如：

（17）他说："日本人主要通过媒体了解中国，但只要跟中国人有面对面交流的日本人都会发现，中国并非像日媒所说的那样，都会喜欢中国。<u>中国留学生举办这个活动让我**很**感动</u>，希望今后更多日本年轻人一起来参加，这必将有助于增进中日交流和相互了解。"（BCC）

（18）<u>花店老板的实在，**很**让我感动</u>，就跟他聊起养花的事，我们也就有了共同的话题。（BCC）

以上两个例子都表达"让我感动"的意思,但程度副词"很"的位置不同。在(17)中,"很"处在情感谓词"感动"之前。而在(18)中,"很"处在"让"字之前。这两种位置分布都很自然,但在BCC语料库的"多领域"条目中,分别检索"让我很感动"和"很让我感动",结果是,前者有241例,后者仅有46例。因此,就使用频率而言,前者具有压倒性的优势。

但是,如果将相对客观的程度副词"很"换成相对主观的程度副词"太",情况则会发生变化。同样以"让我感动"为例,发现"让我太感动"有22例,"太让我感动"有72例,后者是前者的三倍多。请比较以下两个例子:

(19)小伙伴让我**太**感动了。(BCC)

(20)小伙伴**太**让我感动了。(BCC)

上述两例表达的意思几乎相同,但(192)更加符合笔者的语感,这与大多数情况下程度副词"太"处在"让"之前的事实是一致的。

从程度副词"很"和"太"在句中的位置分布趋向,可以推断程度副词的主观性越强,越有可能被放在"让"之前。为了证明这一假设,我们来看一下比"太"的主观性还强的程度副词"真"的情况。通过语料检索,发现"真让我感动"有40例,而"让我真感动"为0例。请看下面的例子:

(21)这首歌**真**让我感动!(BCC)

如果将(21)中的"真"移到情感谓词"感动"之前,显然句子是不自然的。

(21')?这首歌让我**真**感动!

由此可见,在"让"字情感致使构式中,程度副词在句中的位置往往会因其本身的主观性强弱而有所不同。像主观性较强的"太"和"真"倾向于放在"让"字之前,而像主观性较弱的"很"则往往放在情感谓词之前。

但有意思的是,如果"让"之后的<情感主体>不是第一人称"我",而是一般名词"人",那么即使是主观性较弱的程度副词"很"也倾向于放在"让"字之前。通过料库检索,发现"很让人感动"有145例,而"让人很感动"仅有35例,前者是后者的4倍多。请比较以下两个例句:

(22)这些话**很**让人感动。(BCC)

(23)这份心意让人**很**感动。(BCC)

(22)和(23)中的<情感主体>虽然是一般名词"人",但语义上均指称说话人本身，因此将上述例句中的"人"换成"我"也不影响其本意。虽说如此，"让人感动"在结构上更为稳定。关于这一点，古川裕（2003）明确提出，使动态词组可通过减价，变成"V 人"型形容词，如"叫人生气"可变为"气人"。同理，上述例句中的"让人感动"可通过减价变为"感人"，可见"让人感动"几乎可以看作是一个凝固形式，正因为如此，所以程度副词等其他成分很难插入其内部。

程度副词在句中的位置倾向不仅与它们本身的主观性强弱有关，而且还会受〈情感主体〉的性质影响。当表示总称的"人"作为〈情感主体〉时，程度副词往往被放在"让"字之前。我们将程度副词"很"、"太"、"真"在"让"字情感致使构式中可出现的位置情况总结在下表中：

表3 程度副词在"让"字情感致使构式中出现的位置

程度副词 ＼ 位置	情感谓词之前	"让"字之前
"很"	可	可
"太"	可	可（多）
"真"	不可	可

五、结语

本文以日本汉语学习者产出的偏误案例为切入点，对"让"字情感致使构式进行了考察分析。首先，我们通过对收集到的 108 个情感谓词进行匹配测试，发现 96 个可进入该构式，其中以"感动"为典型成员，以"爱"为边缘成员。然后，我们通过大量实例，对程度副词在该构式中的所处位置进行分析，发现程度副词在句中的位置倾向不仅与它们本身的主观性强弱有关，还会受〈情感主体〉的性质影响。通过这两点的考察分析，不仅有助于加深我们对情感致使构式的认识，同时还能为汉语教学服务。

情感致使构式除了本文所考察的"让"字句，还存在很多其他形式，如"把"字句：

（24）一句话**把**妈妈激动得直掉眼泪。（BCC）

（25）"什么宝贝呀，看**把**你高兴的！"（BCC）

通过观察上述两个例句，可发现"把"字情感致使构式的内部构成要素与"让"字情感致使构式有所不同，具有自身的特色，值得进一步研究。

附注

1）致使标记除了"让"之外，还有"叫"、"令"和"使"等。就情感表达而言，"让"字在书面语和口语中都有使用，而且使用频率相对较高，因此本文将致使标记限定在"让"字上。

2）BCC 语料库网址：http://bcc.blcu.edu.cn。

3）HSK 动态作文语料库 2.0 版网址：http://hsk.blcu.edu.cn。

4）原文为"骄傲 1"，为与下文统一，这里改为下标格式"骄傲₁"，"1"代表第一个义项。

4）原文为"骄傲 1"，为与下文统一，这里改为下标格式"骄傲$_1$"，"1"代表第一个义项。

5）"a"表示该词还可以用作其他词性，这里考察的是它的形容词词性（宋成芳 2015:66）。

6）括号里的数字代表情感形容词直接带宾语出现的频次（孔兰若 2014:27）。

参考文献

邓守信 1984.《汉语及物性关系的语意研究》，台北：台湾学生书局。

丰竞 2003. 现代汉语心理动词的语义分析，《淮北煤炭师范学院学报》第 1 期：106-110。

古川裕 2003. 现代汉语感受谓语句的句法特点——"叫/让/使/令"字句和"为"字句之间的语态变换，《语言教学与研究》第 2 期：28-37。

孔子学院总部 2009. 《新汉语水平考试大纲》，北京：商务印书馆。

孔兰若 2014. 现代汉语情感形容词带宾语现象考察，华东师范大学硕士论文。

卢莹 2002. 情感形容词研究，天津师范大学硕士论文。

潘震 2014. 情感构式研究，《外语研究》第 4 期：18-23。

宋成方 2012. 汉语情感动词的语法和语义特征，《外语研究》第 4 期：10-18。

宋成方 2015.《评价理论视角下的情感意义研究》，北京：对外经济贸易大学出版社。

文旭，段红 2018. "得"字情感致使构式化的事件结构认知研究，《西北师大学报（社会科学版）》第 4 期：50-55。

赵春利 2007. 情感形容词与名词同现的原则，《中国语文》第 2 期：125-132。

赵春利，石定栩 2011. 状位情感形容词与述位动词结构同现的原则，《汉语学习》第 1 期：12-21。

周有斌，邵敬敏 1993. 汉语心理动词及其句型，《语文研究》第 8 期：32-48。

大河内康憲 1997. 『中国語の諸相』，東京：白帝社。

Shaver, P.R., S. Wu, and J.C. Schwartz 1992 Cross-cultural similarities and differences in emotion and its representation: A prototype approach. *In Review of personality and social psychology* (Vol. 13. *Emotion*), ed. by M.S. Clark, 175-212. Newbury Park, CA: Sage Publications.

"上"与"起来"的情状、情态表达及其语义基础

王棋

（立命馆大学）

摘要： "上"、"起来"并存于语言交际中，二者在表达情状、情态等相关用法时所呈现出来的语义内涵具有一定的倾向性。"上"和"起来"对状态的内部时间的构成进行观察的方式不同，或者说认知参照的依据的迥异导致它们表达的客观情状有所差异。由此构建的主观情态义的表述，也各不相同。

"上"、"起来"具体地反映了在说话人的认知里，哪个阶段(phase)或界(boundary)特别突显或被特别关注，或者说度量情状变化的参照点不同，就会形成不同的"量点"或"量幅"，又或是"起始"或"持续"的认知以及由此构建的语言表达形式上的差异。"起来"由"起动-脱离"引发的情状表达，应理解为依据感官知觉对客观情状的动态变化的把握，描写该事态以何种面貌发生、变化、发展；"上"着眼于"移动-终点留存"的主观行为动多关注结果达成进而引发强调新局面的产生以及事态的转变，常突显人的主观情绪。受到原型效应的影响和制约，二者呈现的句法结构和主观情态意义也有所不同。前者多搭配形容词传达说话人基于认知经验对客观事态的发展、变化的判断与评价；后者常伴随数量短语，传达对于客观事态的人的情绪反应，侧重强调说话人强烈的主观意愿和态度。

归根结底，语言表达与人的认知能力密切相关。"上"与"起来"对情状、情态的表达，既体现了语言表达的精确性，又体现了语言认知的灵活性。

关键词： "上" "起来" 客观情状 主观情态 原型效应

零、引言

现代汉语中，读成轻声的"上"和"起来"附于动词或形容词后所表示的起始或持续情状有不少相似之处，有时二者互换也不影响语义的表达，如例(1)、(2)、(3)；相反，例(4)、(5)、(6)中的"上"与"起来"则不宜或者说根本无法互换。

(1)　　"呜呜呜……"然后突然就**哭起来了**，慕灵了穆桐几人一脸震惊的扭头看向了身边的西里。"你哭什么啊！"萧英豪和陆勇秉几人瞬间傻眼了，这一个大男人怎么还**哭上了**呢？

　　　　例句来源：https://m.yookbook.com/179189/66708866.html (安七离《王牌嫡女》)

(2)　姐姐刚一走，明姑娘就带着赵灿**忙上了**。　　　　　　(航鹰《明姑娘》)[①]

(3)　每年寒、暑假，学生回家了，一家人就**忙起来**：修门窗口、桌椅等，能自己干的活绝不给别人。　　　　　　　　　　　　　　　　　(1994年《报刊精选》)

(4)　a.汽车轰地**开起来**，黄省三的嘶喊和他扑俯在地的身影，被甩在后面。

　　　b.*汽车轰地**开上**，黄省三的嘶喊和……，被甩在后面。　　(曹禺《日出》)

(5)　a.孕妇的肚子**大起来了**。

　　　b.*孕妇的肚子**大上了**。　　　　　　　　　　　　　(转引自丸尾诚 2014:3)

(6)　a.再**晴上一两天**也好啊。

　　　b.*再**晴起来一两天**也好啊。　　　　　　　　　　(《汉语动词用法词典》:302)

　　从形式上看，"起来""上"都是附于动词、形容词构成的动趋结构。从语义和用法上看，二者有时可以互换，说明它们应该具有相同的语义基础；而二者常常不能互换，又说明它们的语义内涵理应有所不同。那么"起来"和"上"在用法上到底有何区别、二者表达的语义内涵是否异同、造成上述现象的根本原因是什么？这正是本文所要着力探讨的问题[②]。

一、"上"与"起来"表达的客观情状

　　一般认为"'起'和'上'都可以表示动作开始并持续，但'起'强调的是动作开始，'上'却不作这样的强调"(徐静茜 1981:14)。"'起来'强调的重点往往在于开始，常与'开始'一起用；'上'的重点在于已经开始并持续，常与'已经'一起用"(陆庆和、黄兴主编 2009:146)。人们很容易理解由基本义的"由躺而坐；由坐而立"、"离开原来的位置"联系到"起"突显起点指向，从而引申出"起"表示动作开始并继续的意义，而表达动作达成的"上"凸显终点却表示"开始"义似乎是相矛盾的。

　　从认知的角度说，语言结构映射概念结构。虽然"上"和"起"都可以表示动作或状态的开始、持续，但在概念结构当中，二者相关的认知参数是截然不同的，对状态的内部时间的构成进行观察的方式不同或者说主观参照不同导致了二者在语言编码操作结果上的表意的差异。用"上"还是用"起来"，取决于说话人的视角停留在事态的"达成"与"起始"，还是"结果"与"持续"这两面性当中的哪一个侧面。

1.1 "起来"表达的客观情状

毋庸置疑，"起"表达的基本义③如"由坐卧趴伏而站立或由躺而坐""离开原来位置""自下而上"，都来自人的身体的直接体验，如例(7)。

(7) 五点半左右自然而然地醒来，打开手表，已经睡了七个多小时，伸伸懒腰，**起**！ 例句来源：https://www.jianshu.com/p/a9a9b8287037 (《跑起来，就赢了》)

"从空间性的角度来看，'起'的空间性特征不如'上'那么典型和突显，因此表述'自下而上'的位移事件的'动态变化'本身更容易成为人们关注的焦点。同时，在'起'所表述的动态过程中，每一个时间点的动向都不同，呈现出更加明显的多向性，如'起床、起身、起螺丝'等。其变化具有瞬间性，只有通过完成的"姿态"才能观察到它具体的存在。因此，"起"方向性泛化后突显的具体结果的显现，如"出疹子、起痱子"等"(王棋 2017:115)。加上"起"本身表达的起始点往往是不言自明的，终点概念尤其模糊。随着语法化深入，在方向性上呈现出"弥漫"性，"多维"性。同时，动态变化的认知显著度更高，这也使得动作或事态本身的发展变化更加容易得到关注。现代汉语中，"起"常与"来"共现以突显事态的延续和推移，并已具有很强的凝固性。这说明"V起"还不是一个成熟的时体标记，其句法结构及语义表征受到一定的限制。例如：

(8) 你**起来**给老大爷让个座。 (转引自王棋 2017:116)

(9) 元豹手按帽顶，一手提裙一转，裙也起伏有致地**飘起**张开。

(王朔《千万别把我当人》)

(10) 太阳**升起来**了。 (转引自王棋 2017:116)

(11) 这雨昨天刚停，今天又**下起来**了。 (同上)

(12) 元豹和众姑娘戴着草帽，穿着土造的寒伧礼服、常服、一起庄重地走出来。象搜索八路的便衣特务队，走走停停，不时手扶着帽沿儿东瞧西瞅，有人边走边一件件脱衣裳单手拎着走上，一会儿又一件件**穿起来**，走到横台，一个个亮开大襟，露出衬里，象是兜售衣服的小贩，匆匆让你看看商标，一掩怀，颠了。 (王朔《千万别把我当人》)

(13) 陈白露一边笑着，一边站了上去。她两手抓住绳子，用力地一下一下地**荡起来**。秋千越荡越高。方达生仰头望着。陈白露散开的长发随风飞扬。

(曹禺《日出》)

(14) (天成)躬下腰将盛满汤的小勺在碗沿轻轻叩了叩，然后喂到女人的唇边，女

人的唇颤抖了一下，汤就顺着微微裂开的唇缝流下去。然后女人就顺从地一口一口地**喝起来**。 (曾明了《生死界》)

(15) 年轻的女人说着就**哭起来**，哭的全身直抽搐。阿英沉默许久，说，你走吧，……。年轻女人听了阿英的话，就止了哭，说……。阿英听了先一愣，随后脸色就变得铁青，浑身都**颤抖起来**，…… (1997年《作家文摘》)

从以上例句可知，"起来"用于动词后做补语，着眼于客观情状的动态变化过程，描写该事态是以何种面貌发生、发展变化的，更倾向于对客观事实的叙述。或者说"起来"强调动态性存在和可知觉性体验，亲眼目击、亲身体验某一事件在时间轴上的发生、发展、推移，这种动态变化应该理解为处在不断变化中的动态性持续，可以通过直观的知觉而被认识的。例句中，描写性状语"一口一口、一下一下"等就是对眼前事态的推进的具体呈现，这种事态变化通常不以人的意志、愿望及认识程度为转移。

从动态和过程的关系的角度看，任何事件的发生都经历一个或长或短的活动过程。在时间流程中，一个完整的活动过程大致需要经历起始、持续与终结三种事态。"起来"由"脱离"义引申出表达动作的开始、事态的发生发展。如果强调动作行为的始发、起动，句中常会出现"猛然""突然""立刻""一下子"等副词突显客观事象的兴起。若强调变化过程，则常常与"渐渐、逐渐、慢慢、不断地、连续地、越来越"等副词搭配使用，以凸显连续过程或是说进行程度。例如：

(16) 汽车轰地**开起来**，黄省三的嘶喊和他扑俯在地的身影，被甩在后面。

(同例句(3))

(17) 我痛得倒抽了一口凉气，手瘫软地松开了。索米娅愣怔了一下，一下子捂住脸**嚎啕大哭起来**，她撞开我，披头散发地奔到外面去了。

(张承志《黑骏马》)

(18) 起先我是慢慢地走着，后来我**跑起来**，我拖着我的行李一路狂奔耳边隐约能听到女孩的尖叫声。我一边跑一边扭头朝身后看，我看到叫娜娜的女孩站在玻璃墙外，……。 (魏慧《甜蜜蜜》)

(19) 她们的背影使几个围看的妇女**哭起来**，哭声越来越大，后来男人们也哭起来了。哭声惊天动地！ (张炜《秋天的愤怒》)

"起来"重点在于刻画某个具体动作以何种面貌发生、呈现出何种变化，即更倾向于对某一动作行为、事态进行客观具体的描述，因此句法结构中常伴随描写性状语成分出现，以此凸显事态的发展变化和趋向。动态性的展开与变化也可以从后续句子中补足，比如例句中的"火车开起来-黄省三被甩在后面"、"索米娅大哭起来-奔到外面去了"以及"我跑起来——边跑—边扭头朝身后看"等空间变化，都将动作的展开与变化刻画得非常生动鲜明。由于"起来"的语义并不涉及结果状态，因此常搭配"了"突显这一变化或强调动作行为、某事态出现结果，如例(20)。

(20)   近三年，邱县城镇建设像娃娃长，一月一变样，**坐起来**，**爬起来**，**站起来**，**走起来**，很快就**跑起来**了。   (1995年《人民日报》)

值得一提的是，基于"起动"义，"起来"还可以强调一时的非持续动作。如例(21)

(21)   走平地怎么**栽起跟头来**了。   (《动词用法词典》:882)

"在表起动意义时，'起来'着重强调新的变化，动作方向为上，伴随着向上的移动也就意味着主体在量上的增加和程度上的加强"王志英(2006:50)。或者说，"起来"侧重凸显的是一个动态性的进展过程，具有连续渐进性，可视为"量"变，即是一个不断发展的渐进过程，在这个过程的每一个层面或阶段的程度都各不相同，具有异质性(heterogeneity)。当表述的是对已然事件或其他关联要素的分析、整理时，人们就会将通过自身感官知觉获得的体验过程，或者说基于客观依据，进行识别和重新分析，进一步做出判断和评价。"起来"从而获得"评价"意义，例如：

(22)   臭豆腐**看起来**不怎么样，**吃起来**倒是蛮香的啊。   (转引自王棋 2017:116)

常见的类似说法还有"听起来""看起来""闻起来""说起来""做起来""摸起来""用起来"等，不难得出，"起来"的"评价"义都是基于人的感官知觉(味觉、听觉、视觉、嗅觉、触觉和感觉)为客观依据的主观分析、判断与评价。

此外，对客观事态做出的主观分析和判断的认知策略还体现在"起来"可以表达状态的改变，这种改变多为由无序、松散状态到有序、规整状态的分析和整理。此时，前项动词通常呈现出较强的意志性和目的性。像例(23)那样，类似的"收起来"、"攒起来""放起来""存起来""藏起来"等相关用法呈现的"收束义"就很容易理解了。

(23)   秦妈妈说："小管，把珍珠用线**穿起来**，带在脖子上，你就更漂亮了。"

(周而复《上海的早晨》)

根据《趋向补语通释》中"V 起来"总表分析来看，"V 起来"表示状态意义的形式占整个"V 起来"形式的60%，这说明"V 起来"表示的状态意义已经相对成熟。在现代汉语中，"起来"甚至成为一个相对固化的格式，具有明显的整体浮现意义。

在人的认知里，动作的连续发生也可视为一种状态。"瞬间动词在句子中如果具有'重复'意义，它表示的动作可以延续，则可以带'起来'"(戴耀晶 1997)。例如：

(24) 喜庆的锣鼓**敲起来了**。 / 警车顶上的红灯**闪起来了**。

(转引自戴耀晶 1997:96)

进一步说，深层思维活动、心理活动也可以看作是一种抽象的持续，表达心理状态的"懂、明白、爱、恨、喜欢、害怕、同情、讨厌、期待、重视、尊敬、怀疑、后悔、忧虑、愁"以及"紧张、兴奋、高兴、快乐、伤心"等一部分表达人的情绪的状态形容词也可以进入这一格式，用以突显人的一系列心理活动的展开和动态变化。例如：

(25) 不能再为自己思索了，这太伤心。假如牛老夫妇愿意收养他呢？想到这儿，老胡替小行李卷**喜欢起来**。　　　　　　　　　　（老舍《牛天赐传》）

(26) 真是一波未平一波又起啊，我捧着报纸，想着这事件的缘起和发展，突然**担心起来**：它该怎么了结呢？　　　　　　　　　　（《读者》合订本）

(27) 但是他又转而一想："不对，我想哪去了？委屈点就委屈点吧，算不了什么。坏蛋只有孙俊英和冯寡妇，其他人落后是落后，都是一时被迷住的，过后会**明白起来**。我不能和她们打……"　　　　　　（冯德英《迎春花》）

(28) 有很多老师他不懂。你不懂不要紧，你赶快想办法**懂起来**，去买点书看，去参加培训，到别的地方去访问访问，搞点经验出来，自己也学，……。

（访谈节目《百家讲坛》数字化校园与教育创新　吴文虎等）

(29) 说着、说着，胡杏又捂住脸哽哽咽咽的**伤心起来**。　　（欧阳山《三家巷》）

(30) 听说大家这样忆念着周金，周炳就又**伤感起来**，默然不语。

（欧阳山《三家巷》）

前文述及，"起来"语义不是强调主观意愿，其"知觉体验"性特征更侧重表达依靠人的感官识解或基于以往的经验对认知结果做判断，因而常用于强调说话人的判断和主观推测或评价。"起来"常搭配形容词使用，其语义更加宽泛、抽象。

(31) 葡萄的肿消了，脸色**红润起来**，扁了的胸脯又**胀起来**。她每天饥得心慌意乱时，想到晚上这一场欢喜在等着她，就象小时从地里往家走，想到一个井水冰着一根黄瓜在等她，马上什么都**美起来**。　（严歌苓《第九个寡妇》）

(32) 那以后，阿眉和他**好了起来**，真心实意地**好了起来**。　（王朔《空中小姐》）

不难发现，"红润起来、胀起来"仍能解读出"发展变化"带来的"发散"义，也仍为视觉可辨的，而"美起来""好了起来"的语义更加主观，具有一定的主观情态意义。

通过以上分析可知，"起来"由表移动事件，到较为抽象的情状义的滋生，再到具有表达主观情态意义的功能，分属不同的语法范畴的意义和用法，体现出来的语义内涵也

69

各不相同。不过，即便如此，"起"原型义素所具有的"经验的现实性"特征，对其语法化过程中的语义及句法功能产生了不少影响和限制。

1.2 "上"表达的客观情状

接下来，我们通过对比"起来"来看看"上"的情状表达呈现出的语义特征。

"起来"的语义具有"知觉体验"性特征，侧重于通过先验的时空范畴去认识客观事物发展，与人的意志本身无关。相反，"上"一般为具有行为动机的结果实现，或者说愿望的达成。例如：

(33a)　史春喜**笑起来**。这货得！喂猪的围裙她叫人首长擦脸，他已掏出口袋里的手帕，庆幸他昨天才换了干净的。地委书记已经接过那溅着猪食的围裙，在脸上头上**擦起来**。　　　　　　　　　　　　　　(严歌苓《第九个寡妇》)

(33b)　她也想那些总给她带来烦恼的舞会，**穿上**新买的鞋，**擦上**香水，那音乐和灯光都撩人心弦。　　　　　　　　　　　　(高行健《灵山》)

(34a)　大红灯笼**挂起来**，吉祥春联**贴起来**，欢快的锣鼓**敲起来**，迷人的秧歌**扭起来**……　　　　　　　　　　　　(1996年《人民日报》)

(34b)　每一个瓶子上，我都**贴上**一张纸条，上面写出调查的结果，那些纸条上，也简明的**写上**该项商品过去的情形。　　　　(应用文《人性的弱点》)

与例(33a)和例(34a)中"起来"的动态性情态变化相比，例(33b)和例(34b)中"穿上、擦上、贴上、写上"都是伴随某一动作实现而呈现的某一新状态的形成，即对客观情状的把握侧重于具有行为动机的结果实现，或者说愿望的达成。"上"的这一类用法最多。

于康(2006)在分析"上"的语义扩展时指出，"物体移动后并停留在移动后的位置"是"上"的"语义扩展最关键的动因"，"这是因为，物体移动后并停留在移动后的位置上实际就是一种附着与结果，A物体移动后停留在B物体上就是一种附着，这种附着也是一种结果。"如果说"附着与结果"是一种物理空间的"停留"，那么，"状态变化与持续"就是一种"时间"上的"停留"(p.33)。这很好地说明了"上"由事件完结的"留存"义扩展至"状态的开始或持续"义的认知基础。

"从逻辑上说，活动终结与状态遗留互为蕴含关系，一部分动词所表达的动作的完成和状态的开始几乎是相重合的，动作的完成直接引发某种结果状态的呈现。"动作完成就变为状态""活动终结即为事件的遗留状态"(吕叔湘 1942:56-59)。换句话说，终点的到达及事件的达成往往意味着"新情况的出现"，因此，"上"由到达、达成义引申出某一动作、状态的开始或持续"含义,可被看作是"上"到达终点及接触、附着、留存"等语义在时间轴上的呈现。进一步说,"上"突显终点指向,由到达义引申出表达动作的实现或(进入某种状态)事态的转变。表达是新情况的开始,还是强调遗留状态的持续,语义中蕴含的这种两面性,在不同语境中则会呈现不同的语义特征来。丸尾诚(2014)[③]的对比研究很好地证明了这一点。例如:

(35a)　抽上烟了[タバコを吸い始めた/吸うようになった](转引自丸尾诚 2014:6)

(35b)　欧阳英从霍队长手里抽出烟斗,磕出里面的烟灰,又在霍队长的烟盒里抠出烟丝。一面装烟斗,一面把烟丝撒得到处都是,点了两根火柴,**烟冒起来了**。小菲坐在他对面,希望他能看到她跟他瞪眼:你怎么**抽上烟了**? 农会骨干们把他们"切断后路"的办法说出来,欧阳英动也不动,只对<u>新学的抽烟把戏</u>有兴趣似的。　　　　　(严歌苓《一个女人的史诗》)

单独看,例(35a)中汉语的"抽上烟了"翻译成日语,可以对应为"タバコを吸い始めた"和"タバコを吸うようになった"两种形式。前者表达"眼前所发生的具体动作的展开",而后者表达的是"相对以前而言的事态转变"。就是说,"上"表达的动作开始·状态的变化是就事态变化前的状态相对而言的。这种与以往不同的状态变化在(35b)中可以通过"新学的抽烟把戏"看得很明显。

同样,例(36)～(38)中的"哭上""吵上""骂上"表达的则是眼前某个具体动作的展开;而例(39)～(41)中的"交上""迷上""欠上"等则都表示某种新局面或者说不同以往的新状态的开始和持续。

(36)　那个女老师嘴巴张了张,没说话倒**哭上**了。　　　　　　(余华《活着》)

(37)　邻家的两口子又**吵上**啦!　　　　　　　　　　　　　　(老舍《全家福》)

(38)　拉着铺盖刚一出街门,他听见院里破口**骂上**了。　　　　(老舍《骆驼祥子》)

(39)　冯某与一些不三不四的人**交上了**朋友,<u>**沾染上**</u>不良习气,最终**走上了**犯罪道路。　　　　　　　　　　　　　　　　　　　　(2000 年《人民日报》)

(40)　他逃离村庄,三教九流都沾过边,后来**迷上**了赌钱,赌技日新月异,精益求精,铜板上的锈迹把双手都染绿了。　　　　　　　　(莫言《红高粱》)

(41)　我才知道半年前就**欠上**他们了,半年下来我把祖辈留下的家产全输光了。

　　　　　　　　　　　　　　　　　　　　　　　　　　　　　　(余华《活着》)

王棋(2019)指出,当前项谓词性成分本身所表示的是状态,如"闪、亮、闹"等,与"上"搭配就可以表示性状的动态变化结果与持续。"上"对前项动词有一定的依附性(boundness)，语义独立性较差，更接近于时体成分，通常只有语法意义。例如：

(42)　　你看远处又**闪上灯光了**。　　　　　　　　(《动词用法词典》:630)

(43)　　阴雨的天，屋子里格外容易黑暗，早已**亮上了**电灯。(张恨水《金粉世家》)

可见，"上"聚焦终点，表示事态的转移、状态的改变，这种变化为"一有一无，忽然而改"的"质"变，是基于"上"的"到达"义扩展而来，是随着"上"的位移变化的动态性被主观认知不断消解而得以实现的。"上"的"开始"义实质上强调的是伴随动作实现而呈现出来的结果状态或为某个动作行为的发生；其表达的"持续"情状是事态转变后形成的结果之"新局面(进入某种动作、状态)的持续"。更进一步说，动作的发生和状态的改变实质上都是旧状态被另外一种新局面所取代，二者间是"实现-延续"的关系。很明显，与"起来"不同，"上"强调的不是动态性的展开，而更关注事态变化带来的结果。

此时"上"突显的不是一个过程(process)，而是一个结果状态(state)，其语义弱化动作(motion)的展开，这与动态过程(或者说事态的展开)是相抵牾、相矛盾的，因此"上"表达的由动作实现带来的新局面的转化往往具有非连续性、意外性、突发性、再发性特质。也正因如此，"上"更容易与"开始、又、突然、怎么、没想到"等副词共现。例如：

(44a)　　？下上雨了。

(44b)　　哎呀，**下上雨了**！　　　　　　　　　　(转引自丸尾诚 2014:15)

在实际语言里，离开一定的语境和上下文，单独说"下上雨了"会觉得别扭，而如例(44b)那样加上表示意外、突发义的副词"怎么又下上雨了"、"突然(忽然)下上雨了"，或者放入表达事象接续发生的、如"一……就……，刚……就……"等格式中使用，说成"刚(一)进家门外面就下上雨了""还没到家呢，就下上雨了"的话，句子明显又变得通顺起来。其实就是光说"下上雨了"，孤立地看，它所表达的意象是不自足的，而通过添加副词等手段将事态变化的非连续、意外、突发或再发性特质凸显出来，思维和逻辑合情合理了，句子的语义联系自然就言从字顺了。前面例(4)中若将表达动态过程的"起"换成"上"句子就变得不合法的根源也正在于此。

可见，在特定条件下，在一系列的事件发展过程中，"突然""意外"与"上"或者"起"相配，表达的可以是"突发事态的实现"，也可以是"一个事件的发端开始"，用"上"还是用"起来"，取决于说话人的视角停留在事态的"达成"与"起始"这两面性当中的哪一个侧面。像例句(1)-(3)那样，"上"和"起"呈现出貌似同义的现象，甚至可以互换就很容易理解了。

　　"语言所反映的是人的认知中的世界,语言结构是人与外部世界相互作用的产物,人的认知因素会不可避免地反映在语言结构中。为此,同一认知客体或者说同一客观事象完有可能在人脑中映现为不同的意象,并外化为不同的语言形式"(任鹰 2013:373)。"上"和"起来"对事态的持续情状的刻画体现了语言认知具有极大的灵活性。"上"和"起"在特定语境中的语义呈现,正是这种认知的转化与贯通在语言结构层面上的具体反映。"上"和"起来"强调的语义内涵确是有差别的,二者对状态的内部时间的构成进行观察的方式不同、认知参照的依据的迥异导致它们表达的情状有所差异。

二、"上"与"起来"表达的主观情态

　　"从客观世界的逻辑发展顺序看,趋向发展到最终阶段就会产生某种结果,而结果一旦稳定下来就会呈现出某种状态。时态是话语发出者所构建的主观时间——反映说话时间与事件发生时间之间的时间关系;情态表达话语发出者的某种语气或态度。二者都是言语使用者传递信息时的主体表现(modality)。主体表现有主观性和客观性之分,时态是客观性主体表现,情态是主观性主体表现"(齐沪扬、曾传禄 2009:9)。从描述位移事件到表达主观认知,"上"和"起来"发生语法化的同时,也经历了比较复杂的主观化过程。而在这一主观化过程中,原型语义要素或者说原型效应其实也依然存在。

　　从对客观情状的认知到对事态及情况的主观认知,"上"和"起来"在实现传达持续情状功能的同时,二者都获取了一定的主观情态义,表明说话人对表述对象的情感态度,而受到原型要素的影响和制约,二者表达的主观情态义的语义内涵也会有所不同。

2.1 "上"表达的主观情态

　　刘月华(1998:105)强调"上"有较明显的感情色彩,表达说话人对新出现的动作或状态不以为然的态度,即认为该动作或状态是不值得肯定或不受欢迎的。"起来"是中性的,不带明显的贬义。不少学者也持相同观点,如丸尾诚(2014)。不过,以往研究并未剖析造成这种差异的原因,而绝对地说"上"所表达的情感色彩是"不以为然、不受欢迎"或是"贬义"的,也还是很值得商榷的。

　　在我们看来,"上"与"起来"在逻辑语义关系的表达上各具倾向性,是由说话人主观认定的,二者的互换或者对立不能脱离语境。同时,"上"与"起来"各自的语义内涵仍与其原型用法及核心义素密切相关。

人们"对连续事件的叙述总是一个事件接着一个事件，事件与事件之间要有界线，人就是这么来认识世界的，也就按这样的认识用语言来描述世界"(沈家煊 1995)。相对于"起来"着重描述一个渐变的动态性的活动情状，"上"的"到达"义常体现出一定的结果性(achievement)。"结果"往往与意愿的"实现"或者说"达成"密切相关。从对客观情状的认知到对事态及情况的主观认知，表达与情态范畴密切相关，"上"通常可以表示说话人强烈的主观愿望，主观情态义十分明显。

"起来"与"上"的区别在于，前者重在通过状态强调发展变化，后者重在通过状态强调结果。对动作状态的发展则难以预期或做出预判，而结果往往与目标相连通，更容易对行为的结果或目标做出预判。不难理解，当某种行为结果未能到达人的心理预期或超出预判时，"意外""超常"的结果则大多意味着不受欢迎，甚至是厌恶的、错愕的，其主观情态义自然更强烈。相反，动态的发展变化不易把握，难以预判，因而"起来"往往更倾向于对客观事态做出描写性陈述、推测或评价。这种认知上的差异，是导致二者在表达主观情态意义上有所不同的根本原因。

相对于独立短句，这种分歧在长篇上下文中更为明显。请看例如：

(45)　　"家珍，我完蛋啦。"说完我就呜呜地**哭了起来**，家珍慌忙来扶我，她怀着有庆哪能把我扶起来？她就叫我娘。两个女人一起把我抬到床上，我躺到床上就口吐白沫，一副要死的样子，可把她们吓坏了，又是捶肩又是摇我的脑袋，我伸手把她们推开，对她们说：(中略)……家珍也**哭了**，她一边替我捶背一边说："只要你以后不赌就好了。"我输了个精光，以后就是想赌也没本钱了。我听到爹在那边屋子里骂骂咧咧。他还不知道自己是穷光蛋，他嫌两个女人的哭声吵他。听到我爹的声音，我娘就不哭了，她站起来走出去，家珍也跟了出去。我知道她们到我爹屋子里去了，不一会我就听到爹在那边喊叫起来："孽子。"我听到爹气冲冲走来了，他喊着："孽子，我要剐了你，阉了你，剁烂了你这乌龟王八蛋。"我想爹你就进来吧，你就把我剁烂了吧。可我爹走到门口，身体一晃就摔到地上气昏过去了。我娘和家珍叫叫嚷嚷地把他扶起来，扶到他自己的床上。过了一会，我听到爹在那边像是吹唢呐般地**哭上了**。我爹在床上一躺就是三天，第一天他呜呜地哭，后来他不哭了，开始叹息，一声声传到我这里，我听到他哀声说着："报应呵，这是报应。"

　　　　　　　　　　　　　　　　　　　　　　(余华《活着》)

(46)　　"别哭、别哭! 怎么回事? 这还<u>哭上了</u>?"王奶奶着急地问道。小雪奶奶
　　　　<u>哭了</u>几声,深吸一下鼻子,又抬手用袖头擦擦眼睛,稳稳情绪,继续拉住
　　　　王奶奶的双手抽噎着说道:"……呜呜呜呜……"小雪奶奶又止不住<u>哭起</u>
　　　　<u>来</u>。　　　　　　　　　例句来源: https://www.jianshu.com/p/d5e8720447ae

　　　　　　　　　　　　　　　　　　　　　　　　(来慧《你笑起来的样子真美》)

(47)　　少勇慢慢走上来。葡萄突然觉得委屈窝囊,<u>跺着脚</u>便大声<u>哭起来</u>。少勇见
　　　　两个哨兵往这儿瞅,白了他们一眼。他抱她也不是,不抱也不是,心里有
　　　　一点明白她哭什么。<u>新旧交替的时代, 没了这个, 走了那个, 是太经常发</u>
　　　　<u>生的事。</u>(中略)……"二哥, 朱梅死了。"葡萄说。(中略)……刚想和她说
　　　　说话, 她哇的一声又接着<u>哭上了</u>。死心眼的葡萄啊, 哭也是一个心眼哭到
　　　　底。等茶缸里的红糖水都凉了, 她才哭完。　　　　　(严歌苓《第九个寡妇》)

　　对比例(45)中"哭了"来看,"起来"前面采用拟声词重叠形式传达情状的时量的长
短、通过"跺着脚"的动作伴随方式的描写性状语来具体的描写"哭"事件呈现的样态,
更倾向于被理解为对事态发展的较为客观的陈述,"哭起来"持续发展的动态意象十分
明显;相比之下,像(45)中"哭上了"的说法实际上就是基于前后叙述的行为事件紧密
相承相接的状况下,通过"父亲发怒-咒骂-昏倒-哭"这一连串继起性事件、事态的发
生与转换,反映出"我"在这一系列事态变化中的心理活动变化,从"我输了个精光,
以后就是想赌也没本钱了"到"我"猜测"他还不知道自己是穷光蛋了, 他嫌两个女人
的哭声吵他"再到"我"发现"父亲已经知道真相", 我的心理准备是"我想爹你就进
来吧, 你就把我剁烂了吧", 但"我"所预判的"严重的"结果并没有发生,反衬出"我"
对"父亲的哭"感到反常、意外和突如其来,带有强烈的"主观性",而"上"的表意
特征与表示这样的主观意愿的语句所应有的语义内涵是极为契合的。同样, 例句(46)中
"几个人瞬间傻眼了""怎么回事"生动地传达了说话人对"一个大男人""小雪奶奶"
的"哭"这一行为的不合常理、意外的突发事件的心理活动; (47)也是如此,后续的"死
心眼儿的葡萄啊"表达了说话人对"新旧交替的时代, 没了这个, 走了那个, 是太经常
发生的事。"所持的理所当然的态度,基于这种心理,"又哭上了"则把"少勇"认为"葡
萄"因"朱梅死了"而"哭", 且"一个心眼哭到底"的行为是意料之外的心理突显出
来。此外, 例句中的"怎么""这还"加强了这种主观情绪,与"又止不住哭起来"的
动态的持续事态相对,"哇的一声又接着哭上了"则突显出"一个事件接着一个事件"
的动作发生与之前状态变化的过递、再发的起承关系。

由此可见，"上"与"起来"在逻辑语义关系的表达上各具倾向性，"起来"常体现说话人的客观取向，视角倾向于描述眼前的情状的发展；而"上"涉及结果，常搭配"了"使用。另外"了"刻画的伴随事态转换引发的意外、突变的意象则更为显豁，这种主观情绪是说话人认定(主观期待或预判)的事态变化极大程度地偏离了常态或社会标准诱发的。

更进一步说，行为的"完结"与"开始"可视为"质"变，而"新事态的形成"则是一种"量"变。从"实现-延续"关系上看，"上"动作实现呈现出的新局面具有易变性，主要体现在"质"的改变，而新局面取代旧事态后呈现出的新状态的持续则关乎"量"的表现。"上"后续数量词可以表示达到某种程度，这种表达蕴含了"主观量"，即带有对"量"的大小的主观期待与评价，体现了说话人的立场、态度和情感(这里应作宽泛的理解，包括意向、情绪等)，"上"具有明显的情态色彩，语义虚化的程度更高，甚至可与"个④、它"互换。从道理上说，与"上"相关涉的行为突显"结果"，是"有界"的，很容易衍生出"主观量"的用法，而这样的表意特征与表示主观意愿的语句所应有的语义内涵是一致的；而"起来"表达事态的"持续发展变化"更倾向于"无界"性，其计量功能也必然受到抑制。也正因如此，"上"和"起来"无法互换使用。例如：

(48a) 虽然在跨上驴背时，他分明听见屋子里传出呜呜的哭声，但是却不敢再回头**看上一眼**······   (刘斯奋《白门柳》) [主观大量]

(48b) 今天四点多就睡不着了，死了活了的要来看李市长。她说只要她能看一眼就行，**看上一眼**她也就放心了。   (张平《抉择》) [主观小量]

(49a) 一来一回就要 4 个小时，**弄上一车菜**，也赚不了多少钱，唉，对付着过得去就行了。   (1994 年《市场报》) [主观大量]

(49b) 当然，也有四乡里来的一些小贩和闲人，他们带着万分羡慕的目光，在熙熙攘攘的人群里串来串去，这里看看，那里摸摸，一直到交易市场快要散的时候，他们才会上前讨价还价，捡一些便宜的，**弄上一箱两箱，或一条两条**，都是小打小闹罢了。   (李佩甫《羊的门》) [主观小量]

(50a) 就说乌镇的桥吧。这里有通济桥、逢源双桥、浮澜桥，等等等等，真可谓"百步一桥"。即使**看上一两天**都看不完。

    (《中国大接近 画中江南:乌镇风光》) [主观大量]

(50b) 再**晴上一两天**也好啊。   (同例(6)) [主观小量]

(51a)　　这个家很狭小，非但不会有客人到访，连电话也不会**响上一回**。

　　　　　　　　　　　　　　　　(小川洋子《博士的爱情算式》)［主观大量］

(51b)　　他在那时放响屁，声如裂帛。只要**响上 几次**，屋里的气味就和山羊圈相

　　　　仿。　　　　　　　　　　　　　(王小波《东宫·西宫》)［主观小量］

(52)　　小奇在想妈妈，肚子里编着写信的形容词儿，也许要轻描淡写地把今天

　　　　的晚会**带上 两笔**？［主观小量］高中毕业以后，第一次撞上妈妈翻看自

　　　　己的日记，气得眼泪都出来了。可是现在这么大了，写家信还总是厚厚

　　　　密密地**弄上四五张纸**，［主观大量］好象汇报成了习惯。

　　　　　　　　　　　　　　　　　　　　　　　　　(王蒙《庭院深深》)

　　"量"的不确定往往和人的主观意识相联系，是主观弱化了事件的重要程度，还是强化事态的结果呈现，都与说话人的意愿密切相关。例(48)~(51)(a)中的"一眼、一车、一两天、一次"表示主观大量，(b)中相反，"一眼、一两天、几次"等是主观小量。例(52)的道理也是一样的，解释从略。

　　主观量常跟主观意愿交错起来，意愿往往与未然相关，"上"倾向于被理解为表达的未然事态。这类表达常蕴含着说话人的主观意愿，带有浓厚的主观化色彩。例如：

(53)　　高高兴兴**玩上一半天**，事后，落得**撮上一顿**，打打"牙祭"，有些单位，

　　　　还赏些纪念之品，倒也爽快！　　　　　　　　　(1993年《人民日报》)

(54)　　公司在宾馆开设了舞厅，对外营业，无论是谁，只要**花上元八角的**，都

　　　　可以痛快地**乐上一回**。　　　　　　　　　　　(1994年《报刊精选》)

(55)　　他想，父子三个，连耕带种，**干上四、五天**，**吃上四、五天**，最后**拿**

　　　　上两石棒子的工钱。　　　　　　　　　　　　(浩然《金光大道》)

2.2 "起来"表达的主观情态

　　刘月华(1987)在比较表示状态意义的"起来"与"下来"时，认为一部分表示性质的形容词有正向和负向的区别。并将形容词分为四类：

　　A. 正向一般意义形容词；

　　B. 负向一般意义形容词；

　　C. 表示光线、声音、速度、人的情绪、态度等义的正向形容词；

　　D. 表示C类的反义词。

刘先生认为"起来"可以结合的形容词既可以是正向的，也可以是负向的；即它既可以表示状态由静向动、由弱到强的正方向变化，也可以表示反方向的负向变化。"起来"与 A、B、C 类结合时，主要表示合乎常规的变化，即表示顺应事理发展或合乎说话人预料的变化。表示不合常规的变化时，句中常常包含有"倒、却、反而"或"突然、忽然"等词即表示状态变化的不正常或出乎意料。和 D 结合时只能表示不合乎常规的变化，是无标记的。文中还指出，"在《普通话三千常用词表》中，455 个常用形容词中，只有不到 50 个形容词不能与"起来"结合"（p.14-16）。

此外，刘月华(1998:368-369)在《趋向补语通释》中再一次强调，"'大''长''重''粗''快''高''厚''贵''亮'等为正向，'小''短''轻''细''慢''低''薄''贱''暗'等为负向。通常'起来'更多的是与正向形容词结合。在本书所用的语料中，正向的形容词(包括无方向区别的)与'起来'结合出现了 358 例，与负向形容词结合出现了 56 例。所以可以说"起来"主要表示由负向向正向，由静态向动态的变化。"张国宪(1999)则得出结论："起来"有凸显异常态的作用，常和心理、情感类形容词组合；"下来"正相反，表常态；韩涛(2011:58)认为表时间的用法是个例外，"暗"可以与"起来"或"下去"搭配使用。

不可否认，"起来"由原型义扩展而来的隐喻意义的表达具有一定的倾向性。不过，从实际使用情况来看，像例(56)、例(57)那样，"生病"可以"好起来"，也可以"坏起来"，很难说哪一个表示常态，哪一个表达的状态变化是顺应事理发展或合乎预料的变化。另外，像例(57)~(63)那样，不仅"坏、小、细、慢、短、暗、轻、薄"等与"起来"搭配很常见，而且这类搭配也很难说都表示由负向向正向变化。

(56) 家珍没让医生说中，身体慢慢地**好起来**，我脑袋是越来越晕，直到有一天插秧时昏到了地上，被人抬回家，我才知道自己是病了。 (余华《活着》)

(57) 我的身体也一天天地**坏起来**。手不听指挥，写字更困难，音讯又断了。

(1994 年《作家文摘》)

(58) 因为在最初高铁杆儿霸占了小红儿，小红儿是整天价哭哭啼啼，叫骂不止，后来经过了三年多的时间，小红儿学会吃喝抽赌，她所接近的都是汉奸、特务、流氓、地痞、酒鬼、恶棍、无赖、赌徒、奇鞋、妓女，所以她也就一天比一天地**坏起来**。 (刘流《烈火金刚》)

(59) <u>他看到黑洞也在慢慢**小起来**</u>。走到跟前时他发现黑洞和他人一样大小了。他疑惑地看了很久，肯定了黑洞没再变小，黑洞仍容得下他的身体后，便一头撞了过去。 (余华《现实一种》)

(60) ……嘻嘻笑笑，几年从童年中辗过去了。以后，我的旧衣服**小起来**，我渐渐长成。 (现代文学、散文)

(61) 我越来越感到，不但白天太短，夜间也变得这样**短起来**，时间总是不够用。 (雪克《战斗的青春》)

(62) 就这样春天走了，夏天来了。夏天来时人们一点也没有觉察，尽管还是阳春时他们已在准备迎接夏天了，可他们还是没有听到夏天走来的脚步。他们只是感到身上的衣服正在**轻起来**。 (余华《一九八六年》)

(63) 我的窗外对街是一座满墙沿着碧藤的洋房，每天早起开窗，看见它<u>一天天**薄起来**</u>，慢慢露出墙壁，深感是一个凄切的对照。 (徐訏《鲁文之秋》)

通过上述例句的前后搭配很容易解读出来"起来"语义蕴含的"知觉体验"性特征，即依据感官知觉对客观情状的动态变化的把握、分析和判断。比如依据"衣服小了"的客观事实呈现"我渐渐长成"的变化；通过客观事态"衣服轻了"意识到"夏天来了"等等。

"起来"具有"知觉体验"性特征，其语义不关涉主观意愿，更侧重依靠人的感官识解、或基于以往的经验来主观推测，与形容词语义更相融。换句话说，更侧重对客观事物的整体联系以及现象的认识，因而也更容易对客观事象的变化做出描写性陈述或评价。这很好地说明，"起来"通过状态强调程度变化，动态的变化要比静态的状态更容易被认知，其认知显着度高，更容易被聚焦，被凸显，"起来"表达的"通过状态强调程度变化"的道理正在于此。当然，表时间变化时也并无例外。例如：

(64) 天上发过一阵红之后便慢慢**灰暗起来**，小小的凉风吹来，吹出一阵强烈的花香。 (老舍《四世同堂》)

(65) 这时客厅里也渐渐**黑起来**，太阳已经收回它最后的一条光线了。 (矛盾《蚀》)

例(64)、例(65)的"灰暗起来"、"黑起来"传达的"天黑的变化"这一事态发生、发展的动态性变化。从刻画状态变化的"慢慢、渐渐"不难看出，"起来"着眼于程度进展的"量变"，强调具体的状态变化在眼前的逐渐展开。

耐人寻味的是，"上"后续数量词短语表达主观意愿，而表起动、变化持续的时间状语常常出现在"起来"的前面。这也是"起来"依据知觉体验，侧重强调"持续发展变化"的一个很好的证明。正因如此，"起来"多与突显动态变化的"下来""下去"构成反义结构对举使用，如例(66)、例(67)。

(66)　是一个不大宁静的夜晚，村子里正在忙碌地磨面、碾米，路上又开始出现支前的队伍，牛车毂毂颠颠地走在山道上，吸烟的火光在纷纷的人流里闪灼着。象是藏在浮云后面的星星，一刻儿**亮起来**，一刻儿又**暗下去**。

(吴强《红日》)

(67)　月亮挂在天上更高的地方，被一块慢慢移动过来的乌云遮住了如水的光华。天一点一点地**昏暗下去**，然后又一点一点地**明亮起来**。

(《中国北漂艺人生存实录》)

此外，从我们翻阅的语料来看，不能置换的用例也多与语句是表示客观事态还是表示主观意愿有关。下面例句中的"起来"都不能让与"上"互换使用。例如：

(68)　孕妇的肚子**大起来了**。　　　　　　　　　　　　　　(同例(5))

(69)　他的身体状况逐渐**好起来了**。　　　　　(转引自丸尾诚 2014:4)

(70)　吃了几个月药，他的头发真地**黑起来了**。　　　(刘月华 1989:88)

(71)　他对我的态度慢慢地**冷淡了起来**。　　　　　　　　　　(同上)

(72)　十一月了，天**冷起来了**。　　　　　　　　　　　　　　(同上)

总之，使用"上"还是"起来"主要取决于主观意愿还是对客观事态发展变化的认知。与"上"搭配时，则该形容词的量点特征最为显豁，"质"的转化意象尤为突出。相反，"起来"不仅仍保留着传达事态发展的时间性、度量性和抽象的趋向性语义特征，其根本的强调动态的兴起、发展变化的语义内涵仍蕴含着"知觉体验"的特征。想要凸显事态的动态变化的持续，就可以在"起来"的前面加上表时长的"一天天、慢慢、逐渐"；若强调事态的始动，就可以加表短时的"突然、马上、一下子"等副词。鉴于上述例句中描述的客观事态的动态性发展变化与"上"表达的结果实现相抵牾，自然也就无法互换。

像例(73)、(74)这样基于感知、经验等客观依据对事态变化的某种趋势做出的潜在可能性分析和预见的，多用"起来"；相反，像例(75)表达说话人主观愿望、例(76)动作达成带来的结果实现的常用"上"。

(73) 首都师范大学教授褚亚平今年8月到“亚心”看过之后，提出了一个设想：以标志碑为中心，建设一小块以“亚心”点为中轴的具有代表性的乔灌林木和蒿草植物相结合的正圆形绿地，把它当作一个绿化保护点，长期维护，使之成为荒漠草原上的一点翠玉，突出“亚心”点的地理含义。这项工程，投资小，见效快，只要认真抓起来，是不难实现的。“亚心”，快点火起来、红起来、热起来。这是“亚心”人的祈盼，也是亚洲人的呼声。

(1995年《人民日报》)

(74) 如果把城市比作文明的肌体，那么市民、家庭、社区便是需要激活的文明“细胞”。唐山文明城市建设，先从“细胞”抓起。对市民，从1993年起，唐山开办了460多所文明市民学校，对市委书记和普通市民都系统培训和考试。对家庭，连年开展以“守法星”、“敬业星”、“和睦星”、“文化星”、“卫生星”为主要内容的“五星级”文明家庭创建标准和评比制度评比活动。对社区，开展让楼道“净起来、白起来、亮起来”，让小区“绿起来、美起来、齐起来”活动。 (2000年《人民日报》)

(75) 再晴上一两天也好啊。 (同例(6))

(76) 但这双手痉挛似地抖着，装了一阵子才装满。点上火抽起来，也不说话，却不住对他露出笑容，还总去瞟他叼在嘴上的烟斗。 (冯骥才《挑山工》)

从形容词的语法意义⑥上看，性质形容词表示的是事物的性质，是静态的，状态形容词表示的是这种性质的状况或情态，它表示的属性都跟一种量的观念或是说话的人对于这种属性的主观估价作用发生联系，都包含着说话人的感情在内，因此状态形容词是一种主观表述，是主观认定，是动态的。如果我们将视角转向形容词所述性状与时间的疏密程度关系上，就会发现这类句法表现实质上是相同的认知方式在不同认知域中构建的“量”概念的体现，是人的认知中“位移”概念从发生在“空间中”中反映到“属性上”的外在呈现。物体位移表现为一个起点与终点相对的物理距离变化，通过隐喻投射到心理空间表现为心理距离的远近，跨域投射再进一步到情状表达上，就赋予了事态起止变化及与之相应的程度的高低、属性值⑦的强弱。物理区间具有可度量的性质，数量、性状的程度等在认知域同样有可度量的性质。

正像沈家煊说的“人们感知和认识事物，事物在空间有‘有界’和‘无界’的对立；人们感知和认识动作，动作在时间上有‘有界’和‘无界’的对立；人们感知和认识性状，性状在‘量’或程度上也有‘有界’‘无界’的对立”。“要着重说明的是，“有界”

和"无界"主要是指人的认识，不是指客观实际"(沈家煊 1995)。可见，表位移的概念范畴与表状态改变的概念范畴之间，基于隐喻关系，具有相似性。这恰恰是形容词与"上"、"起来"结合的认知基础。

"性质、状态和变化三者属于不同的情状类型，但又休戚相关"(张国宪 2006:7)。任何情状的发生、发展、变化，总是在一定的时间内发生，在时间结构中呈现的情状是动态的，没有时间任何变化都不可能实现。因而时间的必有和动向的必备是形容词与"上"、"起来"结合的充要条件。换言之，形容词都有表示"变化"的内涵，即从一个性状到另一种性状，在这个变化中，并没有明显的节点。而一旦与"上、起来"等搭配就很容易使得该形容词蕴含的量段或量点特征得以彰显，可视为"一个相对的量幅区间或量级"。在说话人的认知里，哪个阶段(phase)或界(boundary)特别突显或被特别关注，度量情状变化的参照点不同，就会形成不同的"量点"或"量幅"的认知以及由此构建的语言表达的差异。

三、结语

综上所述，"上"与"起来"由表移动事件，到较为抽象的情状义的滋生，再到具有表达主观情态义的功能，分属不同的语法范畴的意义和用法之间存在内在的关联与承继关系，二者经历了复杂的语法化过程。受原型效应的影响和制约，它们的功能在共时平面体现出一定的倾向性。不过，无论如何演化，其语义和用法无论多么复杂、多样，各意义、用法之间还是依然存在亲缘性的承继关系，原型义和原型用法依然起着制约作用。

概括地说，处于主观化与语法化过程的不同阶段的"上""起来"并存于语言交际中，体现出来的语义内涵及其语法化的程度也各不相同，"上"和"起来"对状态的内部时间的构成进行观察的方式不同，认知参照的依据的迥异导致它们表达的客观情状有所差异。"上"、"起来"具体地反映了在说话人的认知里，哪个阶段或界特别突显或被特别关注，或者说度量情状变化的参照点不同，就会形成不同的"量点"或"量幅"，又或是"起始"或"持续"的认知以及由此构建的语言表达形式上的差异。"起来"由"起动-脱离"引发的情状表达，应理解为依据感官知觉对客观情状的动态变化的把握，描写该事态以何种面貌发生、变化、发展；"上"着眼于"移动-终点留存"的主观行为动机多关注结果达成进而引发强调新局面的产生以及事态的转变，常突显人的主观情绪。受到原型效应的影响和制约，二者呈现的句法结构和主观情态意义也有所不同。前者多搭配形容词传达说话人基于认知经验对客观事态的发展、变化的判断与评价；后者常伴随数量短语，传达对于客观事态的人的情绪反应，侧重强调说话人强烈的主观意愿和态度。

最后要说明的是，《趋向补语通释》(刘月华主编 1998:105)指出"上"可以结合的动词和形容词比"起来"少。出现的频率也低得多。不过书中并未对造成这种现象的原因做出解释。现在我们知道，"上"的主观行为动机关乎人的主观意愿与情绪。而客观世界的事态或事物的发生、发展变化通常与人的意志无关。与此相应，人们对客观世界的读解、判断与评价，则需要具备一定的认知能力。"起来"的原型义素恰恰具有"感官知觉"性特征，表达动态性变化(动作或状态变化)时语义更相宜。"上"可以结合的动词和形容词比"起来"少。出现的频率也低得多，其根源正在于此。

归根结底，语言表达与人的认知能力密切相关。"上"与"起来"对情状、情态的表达，恰恰反映了人是如何观察和认知客观世界的，二者的表意差异既体现了语言表达的精确性，又体现了语言认知的灵活性。

附注

1) 除注明出处语料外，文中语料主要来自北京大学 CCL 语料库及北京语言大学 BCC 语料库。
   例句前加"？"表示此例句不自然；例句前加"＊"表示此例句不合法。另，文中"V"为动词。

2) 本文从原型效应的角度出发，主要考察"上"和"起来"的客观情状与主观情态的表意差别及其语义基础，除部分表述需要，不涉及隐喻表现的深入探讨。

3) 参考了商务印书馆《现代汉语词典》(第6版):1022 页 (中国社会科学院语言研究所词典编辑室编)动词"起"的义项的前三项释义。

4) 关于"个"的主观赋量功能及其语义基础，参见任鹰(2013)。

5) 刘坚等(1992)指出"现代汉语体标记'了'(完成体标记'了₂'/完整体标记'了₁')就是由'完毕'义动词经过完结体标记阶段演化而来；而近代汉语完成体标记'来'(事态助词)最终可溯源到'来'义位移动词。"

6) 关于形容词的语法意义，参见朱德熙(1956)。

7) 参见张国宪(2006、2007)。根据张国宪(2007:35)对性质形容词的标准属性值的界定，说明形容词的程度性有两种量值表达:在性质连续统中体现为一个相对的量幅区间或量级，在状态连续统中体现为一个相对的量段或量点。

参考文献

戴耀晶 1997《现代汉语时体系统研究》，浙江教育出版社。

韓　涛 2011「中国語の方向補語"起来""下（来/去）"に関する一考察―認知言語学の観点から―」，愛知工業大学，愛知工業大学研究報告，53-59.

刘月华 1987 表示状态意义的"起来"与"下来"之比较，《世界汉语教学》预刊 1:14-16。

刘月华 1989《汉语语法论集》，现代出版社。

刘月华主编 1998《趋向补语通释》，浙江教育出版社。

陆庆和、黄兴主编 2009《汉语水平步步高 句子成分》，苏州大学出版社。

孟琮等编 1997《动词用法词典》，上海辞书出版社。

孟琮等编 1999《汉语动词用法词典》，上海辞书出版社。

平井和之 1991「"～～起来"の表す意味」，『東京外国語大学論集』第 42 号，147-164.

任　鹰 2013 "个"的主观赋量功能及其语义基础，《世界汉语教学》第 27 卷 2013 年第 3 期:362-375。

沈家煊 1995 "有界"和"无界"，《中国语文》(5):367-380。

丸尾誠 2014『現代中国語方向補語の研究』，白帝社

王　棋 2017 从"想起来、想出来、想到"看认知模式对语言形式选择的影响，『中国語文法研究』2017 年卷(通卷第 6 期):113-128.

王　棋 2019 汉语方位词的语义演化路径及其认知机制研究——主要以"上"、"下"为例，神戸市外国語大学博士論文.

王志英 2006「"-起来"と"-下来"の比較について」，『沖縄大学人文学部紀要』第 7 号，41-50.

徐静茜 1981 "-起"和"-上"，《汉语学习》，第 6 期:11-16。

张国宪 2007 形容词下为范畴的语义特征镜像，《汉语学报》(2):31-36，95-96。

朱德熙 1956 现代汉语形容词研究，《语言研究》第 1 期:83-111。

方式副词"一齐"的分布验证和语义提取*

孙丹凝　赵春利

（暨南大学）

摘要：本文以语义语法为理论基础，对方式副词"一齐"的句法分布进行正反验证，并通过考察其语义指向类型和谓词性成分得出"一齐"的语法意义：复数事物施受动作的一致性。首先，从共时和历时两个层面综述前人研究成果，并指出其三点不足：句法分布缺乏精确定位、语义指向缺乏系统考察、语义提取缺乏正反验证。其次，从句类分布上看，"一齐"主要分布在传达信息的陈述句、焦点疑问句和劝行祈使句的状位，排斥抒发感情的感叹句。再次，从搭配成分来看，一方面，"一齐"语义只能前指句中的复数事物，主要包括前指主语、介词宾语、使令宾语、主状整体；另一方面，"一齐"主要搭配的位移类、始末类、共促类三种语义类型的谓词性成分，并据此得出其"一致性"核心语义特征。最后，提取出"一齐"的语法意义，并通过同现副词的语义类型和先后排序锚定其句法地位。

关键词："一齐"　一致性　方式副词　形式验证

一、前人关于副词"一齐"的研究

自黎锦熙 1924 年首次把"一齐"归入范围副词以来，前人先贤主要从共时语义句法和历时成词演变两个方面进行了比较全面的研究，取得了一定的学术成果。

首先，共时语义句法。在语义上，前人主要有三种观点：一是语义性质的归属，目前存在较大的分歧，黎锦熙（1924:189）、太田辰夫（1958/2003:264）、邢福义（1996:183）、邵敬敏（2001:181）等学者把"一齐"归入范围副词，而赵元任（1979:349）将其归入

---

* 本项研究得到 2022 年度国家社会科学基金一般项目"现代汉语方式副词的句法语义与分类排序研究"（22BYY135）、中央高校基本科研业务费专项资金（暨南领航计划 19JNLH04）、广东省高等学校珠江学者岗位计划资助项目（2019）和国家社科基金重大项目"境外汉语语法学史及数据库建设"（16ZDA209）的资助。

孙丹凝，女，河北邢台人，暨南大学文学院中文系基地班学生，主要研究现代汉语语法，电邮：1425344162@qq.com；赵春利，男，山东人，教授，博士生导师，珠江学者特聘教授，主要研究语法学、语言学、汉语教学、哲学、逻辑学等，电邮：ctzhaocl@foxmail.com，出版学术专著《现代汉语形名组合研究》《对外汉语教学语感培养研究》《英语分类形容词研究》《现代汉语句末助词研究》等，已在《中国语文》《外语教学与研究》等国内外学术期刊发表论文百余篇。

方式副词，陆俭明、马真（1999:122）认为是时间副词，但大部分学者将其视作协同副词，如张谊生（2000:22）、肖奚强（2001）、葛婷（2005）、叶秋生（2008）、沈莉娜（2008）、商燕（2009）等，可以说，语义范畴的分歧反映了学者们在"一齐"语义指向上的认知差异。二是语义特征的归纳，中国社会科学院语言研究所词典编辑室（1973:1206）和吕叔湘（1980:533）都认为"一齐"表示"同时"；北京大学中文系 1955/1957 级语言班（1982:470-471）等则强调主体需采取"同样的行为或动作"；沈莉娜（2008）合二为一，突出动作的"一致性"和"同时性"；肖奚强（2001）还主张应包括"同地"的条件。总之，前人对"一齐"语义的界定很有启发性，但多根据语感做出的判断，缺乏形式验证和正反验证。三是语义指向的分类，肖奚强（2001）认为协同副词一般前指，也可以后指，而商燕（2009）等细化为前指单项、前指多项和后指单项。无论是语义性质的归属，还是语义特征的归纳、语义指向的分类，都没有进行形式验证和正反验证。

　　而在句法上，学界一致认为"一齐"具有"位于句中作状语"的句法功能，其他句法分布主要集中在三个方面：一是句型分布，商燕（2009）认为协同副词只能出现在主谓句中，窦椿莹（2015）则细化到"一 X"类协同副词主谓句各小类的分布状况。二是同现成分，主要集中在对动词的限制上，葛婷（2005）最早指出与"一齐"共现的体词性成分多并列关系，谓词性成分起点或终点义明显，据此，叶秋生（2008）根据郭锐（1993）的过程性动词分类考察协同副词的共现动词，同时还指出"一齐"只与表时点的时间词连用；而沈莉娜（2008）进一步指出"一齐"不与时段成分共现，并注意到与"一齐"共现的体词性成分中的连词标记。三是句法地位。包括协同副词与其他副词共现时的先后顺序（沈莉娜 2008；商燕 2009）和协同副词内部不同类别的共现层级（余俊宏 2015）。总的说来，对"一齐"句法分布的描写多包含在协同副词的大类考察中，细致但还不够系统，没有考察句类分布，缺乏大规模语料库的支撑，同现成分的准确性有待提高；同时，割裂了语法分布与语义提取的关系，没能让句法分布成为提取和验证语义的手段。

　　其次，历时成词演变，前人对"一齐"的成词来源、演变过程和演变动因进行了探讨。葛婷（2005）指出"一齐"来源于动词短语，并大致勾勒出虚化过程，据此赖国英（2013）提出了汉语双音化和句法位置改变的演变动因，而马菁屿（2015）则认为"一齐"的演化是韵律、语法、语义协同作用的结果。无论是动因如何，共时层面的"一齐"语义指向与动词搭配类型研究为历时的演变提供一种判断标准。

　　本文试图以副词"一齐"为研究对象，以 CCL 语料库和 BCC 语料库为调查对象，以语义语法理论为指导，在前人研究成果的基础上，解决一下亟待解决的问题：首先，准确定位并验证"一齐"的句子功能分布。其次，系统考察"一齐"的语义指向及其类型；再次，正反验证"一齐"所搭配的谓词性成分的语义类型及其核心语义特征；最后，提取出"一齐"的语法意义，并通过考察同现副词类型及排序，准确界定"一齐"的句法地位和语义性质。

二、副词"一齐"的句法分布

副词"一齐"的句法限制条件包括句子功能类型分布与句法位置分布，即"一齐"是否能不受限制地分布于任何句子功能类型的任何句法位置。

首先，就句子功能类型分布而言，根据 CCL 语料库调查，在 4477 个"一齐"用例中，"一齐"主要分布于陈述句，如例（1），约占 96.63%，少量可分布于疑问句和祈使句，但不能进入典型的感叹句。

（1）a.全村老少一齐出动。

　　b.两只手机竟然一齐响了起来。

从疑问句的具体分布来看，是非问、正反问、特指问、选择问四种小类"一齐"均可进入，如例（2），从信息角度看，"一齐"在疑问句中往往是疑问焦点，强调多个主体的动作行为方式，如果去掉"一齐"，句子要么疑问焦点发生了变化（2a/b/c），要么缺乏疑问焦点，造成句子不合法（2d/3a/b）：

（2）a.他们可以一齐参加合作社吗？　　——他们可以参加合作社吗？

　　b.他们会不会一齐来？　　　　　　——他们会不会来？

　　c.你们为什么不一齐动手？　　　　——你们为什么不动手？

　　d.你们是一齐上呢，还是单打独斗？——*你们是上呢，还是单打独斗？

（3）a.既然灭铃灵杀虫有特效，为什么不把技术多转让几家，大家一齐上？

　　*既然灭铃灵杀虫有特效，为什么不把技术多转让几家，大家上？

　　b.是以牺牲精神文明为代价，还是物质文明和精神文明两个成果一齐要？

　　*是以牺牲精神文明为代价，还是物质文明和精神文明两个成果要？

从祈使句的具体分布来看，"一齐"可以进入劝行祈使句，但不能进入劝止祈使句。因为劝止祈使句阻止整个动作的发生，而对动作的具体方式没有限制，只有劝行祈使句才能够对动作方式做出具体要求，如例（4）：

（4）a.将那爷俩一齐抓来！

b.把这个帽徽一齐摘掉！

c.一齐出发！　　　　　——*禁止一齐出发！

d.一齐包起来！　　　　——*禁止一齐包起来！

　　"一齐"可以进入情感鲜明、语气强烈的陈述句，如例（5），但这并非感叹句，因为"'表达情感与否'并非区分四种句子功能类型的标准，四种句子类型或多或少都可以表现一定的情感倾向"（赵春利、杨才英，2016:39）。实际上，"一齐"无法进入带有表示程度的"多么/多/真/太/极了"等标记词的典型感叹句，也无法进入由光杆形容词或光杆名词组成的感叹句中，如例（6）。对感叹句的排斥与"一齐"自身的特点有关：第一，副词"一齐"是对动作方式的描摹，具有客观性，与抒发情感为主的感叹句天然相斥；第二，典型的感叹句或带有强烈的程度色彩，或由光杆形容词、名词构成，前者中的程度标记词主要修饰静态性状，主要搭配能愿动词、心理动词或形容词，排斥动作方式，后者则直接缺失了"一齐"所要修饰的动词，因此"一齐"不能分布于感叹句中。

（5）a.为了画画，你可以把友谊、爱情、责任、道义一齐抛下！

　　　b.大家一齐出来玩嘛！

（6）a.他们真是胡说八道！　　　——*他们真是一齐胡说八道！

　　　b.这些花多么漂亮啊！　　　——*这些花一齐多么漂亮啊！

　　　c.你们混蛋！　　　　　　　——*你们一齐混蛋！

　　其次，就句法位置分布而言，"一齐"一般位于动词前作状语，但不是任何一个符合句类分布的句子都可以在状语的位置上插入"一齐"，如例（7），因为"一齐"除了受到句法分布限制外，还要受制于语义指向类型和动词谓语语义类型的限制条件。

（7）a.他明天去学校。　　　　　——*他明天一齐去学校。

　　　b.昨天我们梦见他掉下了床。　——*昨天我们一齐梦见他掉下了床。

三、副词"一齐"的语义指向及其类型

　　从语义指向的方向来看，根据调查，副词"一齐"的语义只能前指而不能后指，前指句子中指称复数主体、物体、事体的体词成分，常见的具有"复数"语义的形式有以下四种：①多项并列类，名词、代词并列，且多以"和、跟、同、与、或、以及、甚至"等连词连接；②同项复数类，如受数量结构修饰的名词、带"们"后缀的名词或代词等；③主体集合类，如"双方、万物、众人、医疗队员、全家老小、四邻亲朋、文武百官"

等;④抽象多量类,往往可用"全部/所有/这些/那些"修饰"钱、烦闷、号声、泪水、产业、材料、学习内容、兵刃相交之声"等。反过来说,表示单数义的成分无法进入"一齐"句,如例(8):

(8) a.我跟他一齐进去。　　　　——*我一齐进去。

　　 b.台上的十面大鼓一齐擂响。　——*台上的一面大鼓一齐擂响。

　　 c.文武百官一齐跪下。　　　　——*一位官员一齐跪下。

　　 d.你可以把那些材料一齐送上去。——*你可以把那份材料一齐送上去。

从语义指向的类型看,一般说来,"一齐"指向的是充当句子主语的复数成分,此时"一齐"便前指主语,也即动作的施事(9a/b)或受事(9c/d);有时"一齐"还可以前指"把、被"等介词的宾语或者"使、叫、组织"等使令动词的宾语,如例(10)中的主语"黑衣汉子""他""中国""张老婆"都是单数事物,因此"一齐"只能指向含有"复数"义的介词宾语或使令宾语:

(9) a.六百名伏兵一齐冲杀出来。

　　 b.他们都一齐跳下马来。

　　 c.他和张某的祖父一齐受到革职遣戍处分。

　　 d.他和他的狗一齐被淹死了。

(10) a.黑衣汉子把十个指头一齐紧缩。

　　　 b.他被英军一齐射击。

　　　 c.中国将组织5000人一齐访问该国。

　　　 d.张老婆过意不去,叫儿媳和女儿一齐下地。

此外,当主语或介宾短语中的宾语均不具备"复数"义时,如果状语或整个句子语义能够体现动作施事或受事的复数性,"一齐"仍然可以入句,如例(11a/b)充当状语的"随圣火""连人带椅子"对动作主体的数量实现了隐形添加,例(11c/d)则在语境中表现出动作主体的复数义,并能在状语位置补充出并列成分,都符合"一齐"必须指向复数的语义要求:

(11) a.我的激情也随圣火一齐点燃。

b.她就连人带椅子一齐摔落于地。

c.他喊上八个儿子、叫来女婿，【跟他们】一齐拉山门。

d.它最终或者吃掉自己的幼子，或者【与自己的幼子】一齐死掉。

因此，可以说，"一齐"语义前指的复数事物必须是主语、介词宾语、使令宾语或主语与状语合成的成分，也就是说，谓语动词前具有复数成分是一个句子能否插入"一齐"的必要条件，但不是充分条件，如例（12）就不合法，因为"一齐"还对谓语动词语义类型有一定的选择限制。

（12）a.他们值得赞扬。　　　　　——*他们一齐值得赞扬。

b.孩子们思念自己的亲人。　　——*孩子们一齐思念自己的亲人。

c.孙国庆和成方圆扮演男女主角。——*孙国庆和成方圆一齐扮演男女主角。

四、"一齐"句谓词性成分的语义类型和语义特征

副词"一齐"能否入句，还取决于谓语动词的语义类型。根据 CCL 和 BCC 语料库调查，能够与"一齐"搭配的谓词性成分主要有三类：位移类、始末类、共促类。

第一类，位移类谓语结构，在事件中，复数事物因实施或遭受某种动作行为而发生位置改变，且这种改变具有时间先后和空间移位的双重一致性，如例（13）：

（13）a.十条汉子一齐走出门外。

b.老师、学生、家长和来宾一齐涌入舞池。

c.七个人的右手一齐举了起来。

d.姑娘们一齐摇头。

该类谓词性成分主要有：①整体位移类，表示主体本身的位置在事件前后发生改变，如：上、下、来、去、走、跑、奔向、跳起、站起、起立、上前、上来、上去、上升、上场、下去、下跌、下车、下楼、涌动、涌向、涌上、涌出、涌进、传来、袭来、倒下、倾倒、冲向、前去、前来、升入、杀入、放入、出去、出来、兜上、拥上、拥来、拥向、投向、飞向、奔向、投向、归向、扑向、扑入、向前、集中、发射、喷射、喷发、喷出、回到、回来、坐下、掉下、掉进、送往、拥出、搬到、颤抖、摇晃、翻滚、围拢过来等；②部分位移类，表示主体某部分的位置在事件前后发生改变，如：上手、上挑、下手、举杯、举起、举手、挥手、伸手、拍手、拱手、动手、压下、压在、塞进、拔出、冒出、抬起、拉开、张开、拿来、挑拨、摆动、摇动、放下、放出、放到、敲击、看向、举目、

仰首、低头、回头、扭头、摇头、起身、屈身、弯腰、鞠躬、下蹲、举腿、跪下、踢向、转动、转向、转身、摔倒等。这一类词与"一齐"组合时，通过"空间位置改变"这一可视化特征将多个主体多个动作行为的空间和时间一致性凸显出来。

反之，一些不具备可视化位移特征的静态关系谓语动词则不能与"一齐"搭配，如是、像、如、有、属于、等于、归于、在于、当作、代表、包括、包含等关系类动词，如例（14）：

（14）a.*他们一齐是活生生的人。

b.*他们一齐属于同一代人。

c.*有人将两者一齐当作同义词使用。

第二类，始末类谓语结构，在事件中，复数事物的状态因实施或遭受的动作行为而发生改变，且聚焦于状态改变的起始或末端，以动作行为过程的始末衡量其一致性，如例（15）：

（15）a.两个人一齐哈哈大笑。

b.六只强壮的手一齐抓住了他。

c.丑恶、昏昧、混沌都一齐得到肯定。

该类谓词性成分主要有：①发起类，表示动作行为发生的起始，如：说道、发言、出声、发出、问道、发问、回答、开口、大哭、哭嚷、哭诉、大笑、哄笑、作响、响起、叫道、吼叫、鸣叫、惊叫、惊呼、叫喊、喊道、发喊、呐喊、嚷嚷、咳嗽、鼓掌、唱歌、唱起、发誓、使劲、用力、出力、发作、发动、启动、发芽、开枪、开火、出击、进攻、施展、开放、迸发、爆发、爆炸等；②完结类，表示动作行为过程的末端，往往描摹了事件的结果，如：住嘴、住声、住手、住足、停下、停止、停步、关上、关闭、接住、擒住、逮住、抓住、愣住、抱住、咬住、拽住、堵住、盯住、瞪住、冻死、饿死、鞭死、打死、射死、炸死、杀死、坠死、打碎、粉碎、敲碎、炸碎、杀光、死光、吃光、丢光、用光、烧掉、吃掉、吞掉、删掉、忘掉、冻坏、对准、射穿、惊醒、扫尽、崩断、化作、变作、变成、分解、升华、融化、到手、垮台、展现、显露、熄灭、燃亮、绝迹、中选、登陆等；③得失类，如：得到、占有、买下、买回、收下、收买、收起、收入、存入、赠送、抛弃、丢下、丢弃、卖掉、交出、剥下、割下、扯下、挪开、卷走、带走、刮走、失色、失声、化为乌有等。这一类词与"一齐"组合时，通过约束事件的始末处描摹其动作一致性，一般表示短时，而不能与续段成分共现，如例（16）。与此同时，"一齐"也不能与喜欢、讨厌、害怕、想念、怀念、嫉妒、羡慕、相信、了解、依恋等表示持续性动作的心理类动词搭配，如例（17）：

（16）a.努尔哈赤只要<u>一出屋子</u>，三人便<u>一齐</u>动手。

b.三个大人<u>猝不及防</u>，也<u>一齐</u>愣住。

c.*八名猎户【这段时间】<u>一齐</u>放箭。

d.*【一天中】七个人的眼睛<u>一齐</u>瞪住大汉。

（17）a.*儿童<u>一齐</u>喜欢鲜艳的色彩和活泼的动画。

b.*他们<u>一齐</u>讨厌成人把他们当孩子对待。

c.*他给我开出了令所有同行<u>一齐</u>羡慕不已的高薪。

第三类，共促类谓语结构，这类谓词性成分数量较少，多以"共促"义为核心，如"加油、努力、工作、发展、建设、治理、塑造、改造、投入、分享、参加、帮忙、联手、联合、操作、生产、使用、清理、观望、欣赏、夸奖、反对、声讨、防止、挽留"等，表示动作主体在行为目的上的一致性，如例（18）；相反，如果句子宾语出现"不同、各自"的差异义定语时，句子状位则不能插入"一齐"，如例（19）：

（18）a.解决失业问题需要社会各界<u>一齐</u>努力。

b.购物中心和厂家共同抵伪，这样才能一齐<u>发展</u>。

c.有的解甲归田，跟家乡父老<u>一齐</u>改造山河。

d.这八个艺术形象又反过来<u>一齐</u>塑造了一个活生生的茅威涛。

（19）a.*家庭设备类产品<u>一齐</u>使用<u>不同</u>的品牌名称。

b.*前妻与女友<u>一齐</u>赶到<u>各自</u>战场。

总的看来，"一齐"句谓词性成分的语义类型如表1所示：

表1　"一齐"句谓词性成分的语义类型

逻辑视角	语义类型	典型词语	语义特征	核心语义特征
空间	位移类	倒下、跳起、举起	[+时间一致] [+位移一致]	[—致性]
时间	始末类	发芽、愣住、失去	[+起始一致]/ [+末端一致]	
关系	共促类	努力、治理、发展	[+目的一致]	

可以看出，"一齐"句的谓语可以分为三种语义类型：①复数主体短时位移的一致

性；②复数主体动作始末的一致性；③复数主体目标事件的一致性。综合起来，"一齐"句谓词的核心语义特征为[+一致性]，其中只有共促类表达了动作的"有意协同"，而位移类与始末类两种语义类型属于"无意协同"，更侧重动作某个角度客观上的一致性，因此"一齐"不完全属于"协同副词"。

五、副词"一齐"的语法意义及同现副词类型

根据"语义决定句法，句法制约语义"的语义语法原则，"一齐"之所以能够选择一定的语义指向类型和谓语语义类型，是由"一齐"本身的语法意义决定的。根据语义指向类型的"复数"和谓词性成分"一致性"核心语义特征，可将"一齐"的语法意义概括为"复数事物施加/承受动作的一致性"，其中，复数事物与一致动作形成互相约束的选择关系，正是动作的一致性要求事物具有复数义，而动作的一致性具体表现为短时位移一致、动作始/末一致、事件目标一致三个方面。

"一齐"的语法意义还决定了同现副词的语义类型与先后排序，并由此决定了"一齐"的句法地位。根据CCL和BCC语料库调查，可与"一齐"同现并影响其句法地位的副词一共有五类，且均分布于副词"一齐"的前面，它们分别是：①认知副词，包括"大概、似乎、好像、仿佛、几乎"等估知副词、"当然、自然、必然"等必知副词、"竟然、反倒、反而"等超知副词三类，如例（20）。②时间副词，如"曾经、原来、此刻、这时、终于、常常、仍然、已、正、将"等。③重复副词，如"也、再、又、亦"等。④否定副词，如"不、没、别"等。⑤范围副词，如"全、都、只、才、通通"等，如例（21）：

(20) a.全身的血液似乎一齐涌到了脸上。——*全身的血液一齐似乎涌到了脸上。

b.我们一齐来的，当然一齐回去。——*我们一齐来的，一齐当然回去。

c.两只手机竟然一齐响了起来。——*两只手机一齐竟然响了起来。

(21) a.多日的积怨，这时一齐发作了。——*多日的积怨，一齐这时发作了。

b.工人们也一齐举手挥别。——*工人们一齐也举手挥别。

c.别一齐上台。——*一齐别上台。

d.这些人这时全一齐跑了过来。——*这些人这时一齐全跑了过来。

由此可以看出，"一齐"与五类副词同现时，往往排序较后，因此句法地位较低。由于"一齐"能够与时间副词、范围副词同现，且二者序列更为靠前，可见"一齐"与

二者的语法功能不完全一致，并非时间副词或范围副词，与之相对应的"共同"或"同时"语义也并不精确。总的说来，语法意义强调动作一致性的"一齐"归入方式副词更加合适。

当然，作为方式副词，"一齐"也并非最接近谓语动词，根据调查，状位的"愤怒、失望、惊讶、紧张、不幸、恭敬、得意、喜欢、勇敢、奋发、狂笑、恶狠狠、兴高采烈、虎视眈眈、热烈、猛烈、轻轻、沉重"等情态形容词或动词一般位于"一齐"的后面，如例（22）：

（22）a.几十只臂膀一齐<u>愤怒</u>地举了起来。

b.几十个孩子一齐<u>失望</u>地叹气。

c.人们一齐<u>惊讶</u>地瞅着他。

d.所有的人一齐<u>热烈</u>地鼓起掌来。

六、结语

句子功能、同现成分等句法分布不决定副词的语法意义，但却是副词语义提取的重要手段。本文以语义语法理论为基础，先对方式副词"一齐"的句类分布进行正反验证，发现其可以进入陈述句、疑问句和祈使句，但排斥抒发情感的感叹句；接着对"一齐"的语义指向及其类型进行考察，"一齐"主要指向"复数"成分，可以是主语、介词宾语或使令宾语，甚至是主语和状语的合成成分，可以分为多项并列类、同项复数类、主体集合类、抽象多量类四个具体小类；然后根据空间、时间、关系的逻辑视角归纳出位移类、始末类、共促类三种谓语语义类型，并由此提取谓语性成分[+一致性]的核心语义特征；最后根据句法与语义的制约与决定关系，概括出"一齐"的语法意义："复数事物施加/承受动作的一致性"；不仅通过分析同现副词的语义类型及排序前后锚定"一齐"的句法地位，而且从语义性质上排除了其作为时间副词和范围副词的可能性，而界定为方式副词。由此，可以清晰地呈现出方式副词"一齐"的句法和语义。

参考文献

北京大学中文系1955/1957级语言班1982.《现代汉语虚词例释》,北京：商务印书馆。

窦椿滢2022.《"一X"类协同副词研究》吉林大学硕士学位论文。

葛　婷 2005.《现代汉语协同副词研究》上海师范大学硕士学位论文。

赖国英 2013.《"一 X"类协同副词词汇化与语法化研究》江西师范大学硕士学位论文。

黎锦熙 1924.《新著国语文法》，上海：商务印书馆。

吕叔湘 1980.《现代汉语八百词》，北京：商务印书馆。

陆俭明、马真 1999.《现代汉语虚词散论》，北京：语文出版社。

马菁屿 2015."一齐"的语法化，《名作欣赏》第 29 期：35-36。

商　燕 2009.《现代汉语中的协同副词研究》上海外国语大学硕士学位论文。

邵敬敏 2001.《现代汉语通论》，上海：上海教育出版社。

沈莉娜 2008.《现代汉语动词、副词的协同义研究》南京师范大学硕士学位论文。

太田辰夫 1958/2003.《中国语历史文法》，北京：北京大学出版社。

肖奚强 2001.协同副词的语义指向，《南京师大学报》第 6 期：111-117。

邢福义 1996.《汉语语法学》，长春：东北师范大学出版社。

叶秋生 2008.《现代汉语协同副词研究》西南大学硕士学位论文。

余俊宏 2015.《现代汉语协同句研究》南京师范大学博士学位论文。

张谊生 2002.《现代汉语副词研究》，上海：学林出版社。

赵春利、杨才英 2016.句末助词"嘛"的认知与情感的关联性研究，《外国语》第 5 期：32-45。

赵元任 1979.《汉语口语语法》，北京：商务印书馆。

中国社会科学院语言研究所词典编辑室 1973.《现代汉语词典》试用本，北京：商务印书馆。

汉语双音节副词的语义再分类及其相关问题

张熙宁

（神户市外国语大学）

摘要： 本文首先对汉语双音节副词的语法地位进行了讨论，认为汉语副词是汉语动相的细度刻画。而后，在对以往的副词的分类方法进行了归纳和整理的基础上，从百科全书的知识结构的层次上，对汉语双音节副词进行了常识结构的分类。文章认为，这种常识结构水平上的分类，是汉语双音节副词语法过程的认知基础。

关键词： 副词分类　语义类型　常识结构　认知特征

一、副词的句法属性

1.1 我们认为，汉语没有形态标记，汉语的词语类别只能从功能上，或语义认知层面上进行划分。汉语的词类只能是语义类，或心理认知层面上的类别。一般的说，内容词对应于事物，动作或性质和状态的表达，而功能词对应于内容词间的语义关系的表达或对某一实体(事物、动作、性质和状态)的细度刻画。

那么，汉语的副词具有怎样的语法属性呢？

我们的回答是：副词是对动相的细度刻画。这包括谓语动词前的状语和一部分表示程度的补语。从根本上说，汉语的状语和补语是谓语的修饰和补足性成分，都具有用言性特征。这一点同表达事物的体言性成分迥然不同。从根本上说，体言和用言的对立是语言世界中的一个具有先验性的命题。体言表达事和物，是名词性成分的认知基础。而用言表达动作、状态或属性，是动词、形容词形成的认知基础。

动相这一概念在吕叔湘（1942）中指动作具有语法意义的各种状态，包括方事相、既事相、起事相、继事相、先事相、后事相、一事相、多事相、短事相、尝事相、屡发相、反复相。吕先生的动相论不仅包括狭义 aspect 的时体理论，而且也反映了汉语的动作和状态表达的语言事实。可以说，动相理论确立汉语副词的语法地位，即：副词是对各种动相的细度刻画。

副词的这种对动相的细度刻画的语义属性就决定其句法特征：

a 大都位于谓语之前，对动相进行限定、描写或评价。

b 没有完句功能，一般不能充当谓语。（有完句功能的是兼类）

细度刻画有赖于对各类副词的语义类别的再分类。张谊生（2014）对副词分为描摹性副词，评注性副词，关联副词，否定副词，时间副词，频率副词，重复副词，程度副词，范围副词，协同副词。这种分类从整体上对副词做了语义分类，是汉语副词研究的基础性分类。但另一方面，我们认为还应在此基础上进一步对各类进行细度刻画。本文将在此基础上致力于对上述分类中的双音节副词再分类①，以期求得语义的细度划分。

二、 副词的语义再分类

2.1 关于副词的分类有各种模式

下面简要评述三种副词分类模式：

（1）音节的分类。单双音节的分类是对副词的一个最基本的分类。张谊生（2014）对此有基本描写。比如，否定副词有：

　　　　单音：不 没 勿 未 别 甭 休 毋 非 莫 白 空 干 瞎 徒 虚 枉

　　　　双音节：没有 不堪 不消 不屑 不由 白白 徒然 枉然 空自 枉自 徒自

又如，时间副词有：

　　　　单音节：正 便 才 刚 已 在 就 永 将 曾 要 先 初 从 顿 乍 快 既 且 暂
　　　　　　　　权 时 本 姑 久 方 突 都

　　　　双音节：马上 顷刻 顿时 少顷 立刻 永远 登时 然后 旋即 然而 早就 暂且
　　　　　　　　已经 曾经 早已 将要 行将 新近 一向 一直 起先 起初 向来 历来
　　　　　　　　从来 随即 终于 业已 迟早 早晚 霎时 刚刚 猛然 徒然 老早 原来
　　　　　　　　当即 正在 立即 立时 即刻 快要 从此 先后 平时 应时 自来 至今
　　　　　　　　随后 将次 将要 仍然 依旧 一朝 一旦 早早

这种以音节单位来划分副词的理念，是值得重视的。沈家煊（2012）曾说，汉语的单双音节的划分在某种意义上说，比名词动词的划分更重要。我们认同这一观点。单双音节的对立的确是汉语的一种语法形态或语法手段。比如对"白"和"白白"的不同，张谊生（2014）有专文，具体描写和讨论了"白"和"白白"不同。其实，这种单双音节的对立不仅如此，时态助词"常"和"常常"，情态助词"偏"和"偏偏"，范围副词"仅"和"仅仅"等都有这种单双音节对立的现象，且在语法功能上呈现出对立统一的格局，很值得进行系统专题的研究。

不过汉语单音节副词的义项十分丰富，比如"就"至少有4个副词义项。因此对单音节副词以及近义的单双音节副词（比如，偏/偏偏、白/白白）的对比研究应该作专题性的个案研究。因此，本文只以双音节副词为研究对象。

（2）基本语义分类。这种分类是对副词最常见的分类。张谊生（2014）的分类是：

描摹性副词：包括表方式、表状态等实义性副词。如：稳步，随时，鱼贯，等等。

评注性副词：指具有主观性的副词。如：偏，偏偏，确实，也许，等等。

关联副词：指起关联作用的副词。如：却，就，既，等等。

否定副词：指表否定义的副词。如：没，不，不堪，不屑，等等。

时间副词：指表时间义的副词。如：刚，才，已经，曾经，等等

频率副词：指表动或事件出现频率的副词。如：常，常常，总是，等等。

重复副词：指表动作重复出现的副词。如：又，还，也 再，等等。

程度副词：指表动作或性状的程度的副词。如：很，太，非常，更加，等等。

范围副词：指表动作关涉的范围的副词。如：全，都，总共，几乎，等等。

协同副词：指表动作间协作关系的副词。如：一共，一起，等等。

这种分类是按照副词表义功能的分类。大体上概括了副词的语义类别。但是这个层次的分类没能分清每一类中的下位类别。比如，时间副词的分类中既有时点，也有时段，还有时频和时间关联等。虽然这些副词都有时间特征，但时点和时量，时频和时间关联是不同的常识范畴，在句法上具有不同的表征，应该加以具体区分。

（3）共有语义特征的分类。指依据不同类别的副词所具有的共同语义特征而划分的类别。如果说前边所说得基本语义类别的分类是按副词的词义功能的分类的话，那么语义特征的分类是一直跨域的分类，是指按照一种语义特征归纳不同语义类别副词的分类。周韧（2015）依据"现实性"和"非现实性"的范畴语义特征，对"常常/往往"，"赶紧/赶忙"，"很/挺"，"只/仅"，"差点儿/差不多"，"稍微/多少" 等分属不同语义范畴的副词惊醒了细致的描写，指出这些副词虽分属不同类别，但都具有"现实/非现实" 的语义特征，从而为系统地认识汉语副词提供了新的视角。

2.2 常识层次的语义分类

本文基于张谊生（2014）的基本语义分类，致力于在常识层次上，按照句法的制约关系，对这种基本语义进行再分类。具体分类如下：

2.2.1 评注性副词：指带有主观评议义的副词。

评注性副词都带有主观性。不过根据所带的主观性的类别不同可做如下再分类。

a 疑问性： 难道 究竟 何必 何不 到底 莫非 敢是

这类副词的特点是都有一个疑问语义特征，表示一个疑问语气。如：

（1）难道你比知道这件事吗？ （2）究竟是谁干的这件事？

b 表态性： 毕竟 索性 到底 简直 莫不 反正 反倒 好歹 横竖 准保 管保 宁肯 宁愿 不愧 敢情 不愧 不免 未免 未始 未尝 无非 无妨 根本 本来 原来 左右

这类副词的特征是表达话者对某一事象的选择或断定的心态。如：

（3）索性你就别去了。 （4）他不愧是外大的高材生。

c 义务性： 万万 千万 非得 必定 必须 一定 务必 不妨

这类副词的特征是表达话者对某一事象的义务担当的态度。如：

（5）你千万不能再去了。 （6）你必须做好这件事。

d 得失性： 亏得 多亏 幸亏 幸而 幸好 终究 终归 终于 总算

这类副词的特征是表达话者对某一事象得失的态度。如：

（7）多亏你及时到了，否则一切都告吹了。 （8）这个工作终于做完了。

e 确然性： 难怪 确乎 断乎 必然 确然 显然 居然 竟然 诚然 当然 固然 断然 果然 果真 确实 委实 着实 其实 实在 绝对 的确 定然 当真 分明 明明

这类副词的特征是表达话者对某一预期事象确然性的态度。如：

（9）田中果然按时来了。 （10）她的确很能干。

f 或然性： 或许 也许 兴许 约莫 大约 大概 八成 想必 似乎

这类副词的特征是表达话者对某一事象或然性的判断。如：

（11）那个人或许是日本人。 （12）他大约10点回到。

g 契合性： 恰恰 恰好 恰巧 正巧 正好 刚巧 偏巧 偏好 偏偏

这类副词的特征是表达话者对某两事象间的契合关系的断定。如：

（13）那天他恰恰来不了。 （14）我去时，他刚好在家。

h 极限性： 甚至 甚而 乃至

这类副词的特征是表达话者对某一事象过度性的态度。如：

（15）他甚至连饭都吃不下去。

（16）这件事会影响我的工作乃至家庭生活。

j 选择性： 宁肯 宁愿 只好 只得 高低

这类副词的特征是表达话者对某一事象的选择。如：

（17）我宁肯辞职，也不能再这样继续下去。　　（18）小王只好停下了手中的工作。

　　k 比拟性：好像 仿佛 依稀 俨然 看似 貌似

这类副词的特征是表达话者对事象间的像似行的判断。如：

　　（19）那个人好像明星似的。　　　　　　　（20）他总是俨然以大哥自居。

　　l 断然性：倒是 还是 可是 硬是 算是 就是 真是

这类副词的特征是表达话者对某一事象断然判断。如：

　　（21）对这件事，他倒是很高兴。　　　　　（22）这也算是对他的报应。

2.2.2 否定副词：指表否定的副词。

　　我们认为，汉语的主要否定副词是"不"和"没"。"不"是断言的否定，而"没"是存在的否定。即：

　　　"不"系列：单音节：不

　　　　　　　　　双音节：不堪 不消 不屑 不由

　　　"没"系列：单音节：没

　　　　　　　　　双音节：没有

试比较：

　　（23）我不去中国。　　　　　　　　　　　（24）我没去中国。

"不去"说的是主观意向，"没去"说的是客观事实。

　　"不"和"没"是单音节否定副词，而"不堪 不消 不屑 不由"是双音节否定性副词。对于"没有"是否成词是有争议的。朱德熙（1982）认为"没有"是一个动词。而我们认为，"没有"是一个词组，是"没+有（单音节副词+有）"的组合。因为这样处理，在理论上更具合理性。即："不"是断言（主观性）的否定，"没"是存在（客观性）的否定。同时在语言事实上，"不"和"没"都是自由语素，可以构成各种各样的词组。

2.2.3 时间副词：指与时间范畴相关的副词。不过，由于"时间"这一范畴涵义很广，有必要做进一步的分类。我们的分类是：

　　a 时点：马上 顷刻 顿时 立刻 立即 立时 登时 旋即 暂且 霎时 刚刚 方才

　　　　　　自来 至今 平时 一会儿 一朝 一旦

时点是指时间或动作发生的时间，在认知心理上呈点状。一般居句首或动词谓语前。如：

　　（25）会议马上开始。　　　　　　　　　　（26）顿时，全场鸦雀无声。

　　b 时量：少顷 一会儿

时量一般指动作持续的时长。一般位于谓语动词后。如：

(27) 他沈默了少顷。　　　　　　　　(28) 他又睡了一会儿。

这里的"一会儿"是时长。当然，"一会儿"也有时点的用法。如：

(29) 他一会儿就来。

c 时段：指时点＋时量的时间范畴。时段中的时点，既可以是时间起点，也可以是时间终点，也可以是时间起点和终点加时量。包括：

向来 历来 从来 平时 终日 永远 一向 一直 仍然 依旧。比如：

(30) 那个人向来对人的态度就不好（从过去到现在）

(31) 田中很伤心，终日泪流满面。（从早上到晚上）

d 时序：指两时间间的时间顺序。包括：

然后 起先 起初 随即 从此 先后 随后 将次 应时 。比如：

(32) 他起先并不喜欢她，后来渐渐喜欢上了。

(33) 听到这个消息，田中从此就再也没和他联系过。

e 时相：指时间呈现的状态。包括已然，未然，方然。

已然：早就 已经 曾经 早已 新近 老早 刚刚 业已 原来 终于 早早 终于 业已

将然：将要 行将 迟早 早晚 快要 就要

方然：当即 正在 即刻

已然就是指在说话时已经实现的时间属性。将然就是指即将实现的时间属性。而方然指正在实现的时间属性。如：

(34) 他早就知道这件事了。（已然）　　(35) 他迟早会觉醒的。（将然）

(36) 听了这话，小王当即点头同意。

2.2.4 频度副词：指动作或事件出现的频率特征。包括：

单频：又 还 也 再

复频：

事频：通常 往常 每常 久久 每每 时时 偶尔 一度 久已

动频：一时 老是 总是 屡次 不断 陆续 常常 经常 往往 不时 时时 频频 一再 再三 再度 重新 重行 从新

动序：依次 相继 继而 接连

单频指"又、还、也、再"的第二次特征，即强调动作或事件又一次出现。而复频指多次出现，或不止一次。如：

　　　（37）他又喝了一杯酒。（单频）　　　　　　（38）他一再犯规。（复频）

2.2.5 程度副词：指表达动作、属性或状态程度的副词。包括：

　　　　主观程度：不胜 无比 大为 多么 非常 格外 分外 过于 过分 倍加 好不 何其
　　　　　　　　　何等

　　　客观程度：

　　　　　极度：顶顶 极其 极度 极为 极端 颇为 深为 甚为 十分 特别 万分
　　　　　　　　异常 至为 最为 绝顶 绝伦 透顶 极顶 到顶 至极 之至

　　　　　中度：略略 略微 略为 稍稍 稍许 稍微 稍为 微微 些微 有些 有点儿 多少
　　　　　　　　大小

　　　　　比度：比较 较比 较为

　　　　　轻度：不大 不太 不很 不甚

　　　　　加度：相当 大大 更加 更其 更为 越发 越加 尤其 尤为 几乎 益发 愈加
　　　　　　　　愈益 愈为 愈发 一发

主观程度一般都带有话者或施事的主观情绪色彩，而客观程度一般是对动相的客观
刻画。如：

　　　（39）接到入取通知书，田中无比喜悦。（主观度）

　　　（40）今天他十分高兴（极度）

　　　（41）我有些激动，（中度）

　　　（42）他比较辛苦（比度）

　　　（43）小王今天不很高兴。（轻度）

　　　（44）听了这番话，田中越发激动起来。

2.2.6 范围副词：指动作或事件所涉及的范围。如：

　　　a 统括范围：通通 统统 统共 全部 全然 通共 总共 足足

　　　（45）犯人通通被判了刑。　　　　　　（46）他足足哭了一个小时。

　　　b 条件范围：凡是 大凡 但凡 举凡

　　　（47）凡事吃过的人，都说好吃。　　　　（48）但凡有教养的人，都不会那么做

　　　c 狭义范围：唯有 唯独 单独 只消 只管 只是 仅只 单单 仅仅 独独 单单

　　　（49）唯有小李没来。　　　　　　　　（50）您只管用好了。

狭义范围一般也可表名物范围。如：

（51）单单他不同意。

d 加合范围：不仅 不止 不但 非但

（52）那个饭店，不仅是饭好吃，价钱也很合理。

e 极限范围：至多 最多 顶多 (上限)

最少 至少 起码（下限）

(53)这个教室至多坐 50 人。 （54）他看上去，至少有六十岁。

f 主观范围：尽管 就是 无非 不过 偏偏

（55）他买的无非是些外国货。 （56）小王偏偏不肯去。

2.2.7 协同副词：一并 一总 一例 一道 一起 一齐 一同 一块儿

（57）一并把这个问题也解决了。 （58）他们一起去看电影了。

2.2.8 性状副词：这类副词一般表示动作或状态的存在方式的，具有描写性。包括：

a 身姿性副词：这种副词都是涉身的，一般是同一定的身体部位相关的副词。包括：

步姿：一步 放步 举步 安步 寸步 故步 徒步 正步 健步 信步 徐步 快步 平步
稳步 阔步 纵步

声姿：高声 大声 小声 尖声 轻声 厉声 曼声 细声 齐声 连声 悄声 柔声 同声
应声 随声

口态：一口 大口 信口 极口 亲口 交口 失口 空口 顺口 随口 绝口 缄口

手姿：一手 白手 出手 就手 妙手 束手 拱手 信手 联手 携手 亲手 袖手 垂手
措手 徒手 顺手 屈指

眼姿：一眼 亲眼 正眼 冷眼 放眼 另眼 一目 怒目 纵目 刮目 侧目 闭目 定睛
凝睛 一见

耳姿：充耳 亲耳 侧耳

身姿：只身 舍身 随身 纵身 侧身 挺身 卖身 洁身

神姿：全神 定神 凝神

脚姿：一脚 前脚 后脚 失脚 拔脚 抬脚 顺脚 撒腿 拔腿

臂姿：振臂 攘臂

腕姿：扼腕

首姿：俯首 翘首 昂首

足姿：企足 捷足

膝姿：处膝 屈膝

肩姿：并肩 比肩 摩肩

头姿：一头 当头 劈头 蒙头

嘴姿：顺嘴 张嘴

息姿：屏息 停息

言语姿：好言 巧言 直言 一言 婉言 恶言 严词 厉词 托词 一语 好语 恶语

心姿：一心 潜心 精心 居心 苦心 悉心 成心 存心 倾心 满心 齐心 衷心 无心 真心 假心 由衷 矢志 决计

意姿：肆意 特意 姿意 蓄意 执意 刻意 曲意 锐意 有意 着意 决意 随意 无意 任意

情姿：任情 纵情 酌情

面姿：劈脸 劈面 正色 厉色

身姿：劈胸 拦腰 放胆 舍命 死命 屈尊 一哄 一呼 一应 一气

b 方式类：

b1 否定方式：白白 徒然 枉然 空自 枉自 徒自

b2 事理方式：随时 随地 随处 就便 就近 就地 顺便 顺次 顺路 顺势 顺理 趁机 趁便 趁势 趁热 乘机 乘便 乘势 乘时 乘虚 乘隙 乘兴 悉数 如数 全数 全速 快速 急速 从速 慢速 明码 明令 明文 横向 纵向 全盘 通盘 分头 分批 居间 居中 居家 居功 凭空 凭栏 凭险 并排 并行 定向 定点 定量 定时 批量 尽量 当众 当面 当场 当机 当庭 当下 时下 私下 即兴 即席 即景 破门 破格 互相 互为 交互 相互 负隅 向隅 托病 托故 好生 好歹 好在 借故 借题 借机 逐一 逐个 逐步 逐条 逐日 逐月 逐年 日渐 日益 日趋 日见 日臻 终天 终日 终年 终岁 连日 连夜 连年 平素 平日 率先事先 优先 预先 相率 相机 相提 相安 相映 相依 擅自 径自 竟自 独自 私自 亲自 暗自 各自 紧自 照价 照样照实 照常 照例 照章 按时 按期 按理 轮班 轮流 轮番 无以 无端 无私 无故 一力 竭力鼎立 并力 极力 奋力 死力 全力 大力 悉力 尽力 肆力 通力 专力 一晃 暗中 暗里 及早 趁早 夹道 中道 如实 如期 特地 特为 一笔 随笔 着实 着重 彻夜 日夜 抢先 动辄 纯粹 长年 适度 循序 巡回 放任 联名 多方 被迫 扶病 秉公 挂牌 仗势 超额 冒名 大肆 精诚 隐约 哄堂 驱车 驾机 应运 附带 轻易 专程 次第 交替 成天 事前 微服 抽空 偷空 实地 大举 难免 厉行

c 表情状类：这类副词都是表达动作或心态某种具体状态的

104

c1 然类:

毅然 悻然 慨然 怆然 惨然 傲然 昂然 断然 淡然 悄然 黯然 安然 飘然 悠
然 岿然 翩然 骤然 油然 凄然 荡然 喟然 嫣然 爽然 颓然 寂然 哑然 霍然
迥然 怅然 俨然 猝然 倏然 勃然 超然 蔚然 豁然 公然 决然 巍然 悍然 截
然 翻然 幡然 恍然 怡然 焕然 涣然 潸然 惘然 溘然 赫然 斐然 粲然 黯然
遽然 肃然 漠然 泰然 定然 昭然

猛然 徒然

c2 重叠形式:

偷偷 斤斤 比比 踽踽 落落 脉脉 耿耿 碌碌 岌岌 悻悻 惴惴 怅怅 淳淳 谆
谆 姗姗 婷婷 冉冉 隐隐 源源 循循 侃侃 津津 喋喋 沾沾 泱泱 杨杨 历历
孜孜 茕茕 翩翩

c3 连绵词:

依稀 仓皇 辗转 囫囵

c4 比况:

鱼贯 鱼跃 蜂拥 龟缩 拂袖 借尸 盲目 唾手 洗耳 裹足 联袂 联翩 屈驾 穿
梭 埋头 击节 火速 飞速 冰消 肝胆 连锁 赤膊 偷眼 粉墨 拼命 死活 斗胆
弹指 百般 万般 漫天

三、余 论

3.1 知识结构的分类

副词的语义分类就是一种知识结构的分类。也是一种常识结构的分类,更是一种百科知识的分类。形态型的词类划分一方面不适合汉语,因为汉语是缺乏形态的语言,另一方面单纯的形态型的分类已经不能适应自然语言的智能化工程的需要。因为自然语言的人工智能工程要求百科知识层次上的语义类别和语义关联所构成的知识系统的信息。而这就必须追求语义层次上的再分类。

3.2 最具有个性的词类

本文虽然对副词做了进一步的分类,但每一小类中的每一个副词又都其各自的语义特性,而这也就决定了小类内各副词间的制约关系。比如对于单音节的频度副词"又,还,也,再"来说,存在如下关系:

規則 1：　也＞（还∨又）

規則 2 ：（还∨又）×再

規則 3：　也+再∨再+也

规则 1 的意思是："也"一定要出现在"还∨又"之前。如：

（59）他也还要一个面包。　　　　　（60）他也又唱了一支歌。

反之，不成立。如：

（59´）他还也要一个面包　　　　　（60´）他又也唱了一支歌

规则 2 的意思是：（还∨又）不能和"再"同现。

规则 3 的意思是"也"和"再"可以同现，但表意不同。如：

（61）从此，他再也不来了。　　　　（62）从此，他也再不来了

另外，"再也"一定要求否定式，而"也再"也可以容忍肯定表达。如：

（63）他也再尝试了一次。（肯定）　　（64）他也再不说了。（否定）

诸如此类的规则只有在明确了各小类的副词的语义个性之后，才能得到具体的刻画和描写。

3.3 副词度

从根本上说，汉语的副词是动相的细度刻画和描写。但是不同类别的副词对动相的描写和刻画的层次和对象是有不同的。一般的说，描状性副词的抽象度较低，一般描写具象性动相；评注性副词、否定副词、一般表达某种主观性意向；　而关联副词、时间副词、频率副词、重复副词、程度副词、范围副词、协同副词一般表达客观性的语义特征。汉语副词这种主观性和客观性的对立，具象性和抽象性的对立，构成了汉语副词度的连续统，可图示如下：

主观性渐次增强

←─────────────────────────

评注、否定　关联、时间、频率、重复、程度、范围、协同　描状

─────────────────────────→

具象性渐次增强

参考文献：

赖先刚 1994 副词的连用问题，《汉语学习》第 2 期。

李　泉 2002 从分布上看副词的再分类，《语文研究》第 2 期。

沈家煊 2012 汉语语法研究摆脱印欧语眼光，《中国语文法研究》第 1 卷。京都：朋友书店。

史金生 2003 语气副词的范围，类别和共现顺序，《中国语文》第 1 期。

张谊生 2014 《现代汉语副词研究》，北京：商务印书馆。

赵彦春 2001 副词位置变化与相关的句法-语义问题，《汉语学习》第 6 期。

周　韧 2015 现实性和非现实性范畴下的汉语副词研究，《世界汉语教学》第 2 期。

朱德熙 1982 《语法讲义》，商务印书馆。

本文的副词常识性分类表

评注性副词：

　疑问性: 难怪 难道 究竟 何必 何不 到底 莫非 敢是

　表态性: 毕竟 索性 到底 简直 莫不 反正 反倒 好歹 横竖 准保 管保

　　　　　宁肯 宁愿 不愧 敢情

　　　　　不愧 不免 未免 未始 未尝 无非 无妨 根本 本来 原来

　义务性: 万万 千万 非得 必定 必须 一定 务必 不妨

　得失性: 亏得 多亏 幸亏 幸而 幸好 终究 终归 终于 总算

　确然性: 确乎 断乎 必然 确然 显然 居然 竟然 诚然 当然 固然 断然 果然

　　　　　果真 确实 委实 着实 其实 实在 绝对 的确 定然 当真 分明 明明

　或然性: 或许 也许 兴许 约莫 大约 大概 八成 想必 似乎

　契合性: 恰恰 恰好 恰巧 正巧 正好 刚巧 偏巧 偏好 偏偏

　极限性: 甚至 甚而 乃至

　选择性: 宁肯 宁愿 只好 只得

　量度性: 左右 高低 多少 大小

　比拟性: 好像 仿佛 依稀 俨然 看似 貌似

　断然性: 倒是 还是 可是 硬是 算是 就是 真是

否定副词：

　"不"系列：不 不堪 不消 不屑 不由

　"没"系列：没有

时间副词:

时点: 马上 顷刻 顿时 立刻 登时 旋即 暂且 霎时 刚刚 方才

自来 至今

平时 一会儿

一朝 一旦

时量: 少顷 一会儿

时频: 向来 历来 从来 平时 终日

时段: 永远 一向 一直 仍然 依旧

时序: 然后 起先 起初 随即 从此 先后 随后 将次 应时

时向: （过去）早就 已经 曾经 早已 新近 老早 刚刚 业已 原来

当即 正在 立即 立时 即刻

（未来）将要 行将 迟早 早晚 快要 就要

（通时）终于 业已 早早

频度副词:

单频: 又 还 也 再

复频:

事频: 通常 往常 每常 久久 每每 时时 偶尔 一度 久已

动频: 一时 老是 总是 屡次 不断 陆续 常常 经常 往往 不时 时时 频频

一再 再三 再度 重新 重行 从新

动序: 依次 相继 继而 接连

程度副词:

主观度: 不胜 无比 大为 多么 非常 格外 分外 过于 过分 倍加 好不 何其 何等

客观度:

极度: 顶顶 极其 极度 极为 极端 颇为 深为 甚为 十分 特别 万分

异常 至为 最为 绝顶 绝伦 透顶 极顶 到顶 至极 之至

中度: 略略 略微 略为 稍稍 稍许 稍微 稍为 微微 些微 有些 有点儿

比度: 比较 较比 较为

轻度: 不大 不太 不很 不甚

加度: 相当 大大 更加 更其 更为 越发 越加 尤其 尤为 几乎 益发 愈加 愈益

愈为 愈发 一发

范围副词：

　　统括：通通 统统 统共 全部 全然 通共 总共 足足

　　条件：凡是 大凡 但凡 举凡

　　单一：唯有 唯独 单独 只消 只管 只是 仅只 单单 仅仅 独独 单单

　　加合：不仅 不止 不但 非但

　　极限：至多 最多 顶多 最少 至少 起码

　　主观：尽管 就是 无非 不过 偏偏

协同副词：

　　一并 一总 一例 一道 一起 一齐 一同 一块儿

身姿性副词：

　　步姿：一步 放步 举步 安步 寸步 故步 徒步 正步 健步 信步 徐步 快步 平步
　　　　　稳步 阔步 纵步

　　声姿：高声 大声 小声 尖声 轻声 厉声 曼声 细声 齐声 连声 悄声 柔声 同声
　　　　　应声 随声

　　口态：一口 大口 信口 极口 亲口 交口 失口 空口 顺口 随口 绝口 缄口

　　手姿：一手 白手 出手 就手 妙手 束手 拱手 信手 联手 携手 亲手 袖手 垂手
　　　　　措手 徒手 顺手 屈指

　　眼姿：一眼 亲眼 正眼 冷眼 放眼 另眼 一目 怒目 纵目 刮目 侧目 闭目 定睛
　　　　　凝睛 一见

　　耳姿：充耳 亲耳 侧耳

　　身姿：只身 舍身 随身 纵身 侧身 挺身 卖身 洁身

　　神姿：全神 定神 凝神

　　脚姿：　一脚 前脚 后脚 失脚 拔脚 抬脚 顺脚 撒腿 拔腿

　　臂姿：振臂 攘臂

　　腕姿：扼腕

　　首姿：俯首 翘首 昂首

　　足姿：企足 捷足

　　膝姿：处膝 屈膝

　　肩姿：并肩 比肩 摩肩

　　头姿：一头 当头 劈头 蒙头

嘴姿：顺嘴 张嘴

息姿：屏息 停息

言语姿：好言 巧言 直言 一言 婉言 恶言 严词 厉词 托词 一语 好语 恶语
　　　 一哄 一呼 一应

　心姿：一心 潜心 精心 居心 苦心 悉心 成心 存心 倾心 满心 齐心 衷心 无心
　　　 真心 假心
　　　 由衷 矢志 决计
　　　 一气

　意姿：肆意 特意 姿意 蓄意 执意 刻意 曲意 锐意 有意 着意 决意 随意 无意
　　　 任意

　情姿：任情 纵情 酌情

　面姿：劈脸 劈面 正色 厉色

　身姿：劈胸 拦腰 放胆 舍命 死命 屈尊

表方式类：

　否定方式：白白 徒然 枉然 空自 枉自 徒自

　事理方式：

随时 随地 随处 就便 就近 就地 顺便 顺次 顺路 顺势 顺理 趁机 趁便 趁势
趁热 乘机 乘便 乘势 乘时 乘虚 乘隙 乘兴 悉数 如数 全数 全速 快速 急速
从速 慢速 明码 明令 明文 横向 纵向 全盘 通盘 分头 分批 居间 居中 居家
居功 凭空 凭栏 凭险 并排 并行 定向 定点 定量 定时 批量 尽量 当众 当面
当场 当机 当庭 当下 时下 私下 即兴 即席 即景 破门 破格 互相 互为 交互
相互 负隅 向隅 托病 托故 好生 好歹 好在 借故 借题 借机 逐一 逐个 逐步
逐条 逐日 逐月 逐年 日渐 日益 日趋 日见 日臻 终天 终日 终年 终岁 连日
连夜 连年 平素 平日 率先 事先 优先 预先 相率 相机 相提 相安 相映 相依
擅自 径自 竟自 独自 私自 亲自 暗自 各自 紧自 照价 照样 照实 照常 照例
照章 按时 按期 按理 轮班 轮流 轮番 无以 无端 无私 无故 一力 竭力 鼎立
并力 极力 奋力 死力 全力 大力 悉力 尽力 肆力 通力 专力 一晃 暗中 暗里
及早 趁早 夹道 中道 如实 如期 特地 特为 一笔 随笔 着实 着重 彻夜 日夜
抢先 动辄 纯粹 长年 适度 循序 巡回 放任 联名 多方 被迫 扶病 秉公 挂牌
仗势 超额 冒名 大肆 精诚 隐约 哄堂 驱车 驾机 应运 附带 轻易 专程 次第

交替 成天 事前 微服 抽空 偷空 实地 大举 难免 厉行

表情状类:

a 然类

毅然 悴然 概然 怆然 惨然 傲然 昂然 断然 淡然 悄然 黯然 安然 飘然 悠然 岿然 骤然 油然 凄然 荡然 喟然 嫣然 爽然 颓然 寂然 哑然 霍然 迥然 怅然 俨然 猝然 倏然 勃然 超然 蔚然 豁然 公然 决然 巍然 悍然 截然 翻然 幡然 恍然 怡然 焕然 涣然 潸然 惘然 溘然 赫然 斐然 粲然 黯然 遽然 肃然 漠然 泰然 定然 昭然

猛然 徒然

b 重叠形式

偷偷 斤斤 比比 踽踽 落落 脉脉 耿耿 碌碌 岌岌 悻悻 惴惴 怅怅 淳淳 谆谆 姗姗 婷婷 冉冉 隐隐 源源 循循 侃侃 津津 喋喋 沾沾 泱泱 杨杨 历历 孜孜 荧荧 翩翩

c 连绵词

依稀 仓皇 辗转 囹圄

d 比况:

鱼贯 鱼跃 蜂拥 龟缩 拂袖 借尸 盲目 唾手 洗耳 裹足 联袂 联翩 屈驾 穿梭 埋头 击节 火速 飞速 冰消 肝胆 连锁 赤膊 偷眼 粉墨 拼命 死活 斗胆 弹指 百般 万般 漫天

杭州方言中语素、音节的叠现现象考察*

汪化云　刘继磊

（江苏师范大学 语言科学与艺术学院）

摘要： 杭州方言中语素、音节的叠现现象比较丰富：形容词表达不同程度的叠现凡 8 种，名词、象声词、副词、量词、数词的叠现凡 13 种，动词的叠现凡 9 种，其构式义和功能各异。叠现构词、构形中，形容词、动词、名词多见，量词、象声词次之，副词、数词、叹词较少。叠现中重叠形式较多，叠音形式主要构成象声词和形容词，较少。叠现的基本形式有 AA、AAB、ABB、ABA、AABB、ABAB 凡 6 种，其他形式主要是 AA 处在不同位置和 AA 前加、后加或中加成分构成的。

关键词： 杭州方言　重叠　叠音　构词　构形

一、导语

1.1 叠现和叠现的分类

本文所谓"叠现"，指同一语素或音节连续或间隔一个音节重复出现，以构词或构形。杭州方言的叠现有以下 4 种：

第一是重叠构词现象。可以分两类：一是单个的词或语素重叠构成一个意义不同的词，如背称父亲的"爹"，重叠为"爹爹"指称"爷爷"。二是词或语素重叠并加上其他成分，构成一个词，例如"毛毛雨、踱头踱脑"。这种重叠的单个音节，或者有意义也能单用，但单用的意义与重叠形式的意义不同，如"毛毛雨"中的"毛"。或者虽有意义但不单用，跟重叠形式中的意义也不同。如"踱头踱脑"中的"踱"，在"踱头"中有"倔强、自以为是"的意义，重叠嵌进"头脑"中，整个组合便有"傻"的意义。

第二是重叠构成一个词不同语法意义的构形现象。跟非重叠形式相比，此类重叠形式并无基本意义和词性之类变化，只是语法意义不同。如"干干净净"，是在"干净"基础上以 AABB 重叠的方式表示程度加深，仍是形容词，并不是构成了另一个词。

第三是本为连续反复的形容词生动形式。例如"雪白雪白"，是连用两个"雪白"；

---

* 本文为国家社科基金重大项目 18ZDA297 的阶段性成果。感谢发音人赵阿泉（工人，75 岁）、单涛（职员，45 岁）、高任飞（职员，25 岁）先生，感谢阅读本文初稿并提出修改建议的浙大城市学院姜淑珍教授！

跟连续反复的修辞格，无论在形式上和表达强调和程度的意义上，都是基本一致的。

第四是叠音构词或构成词缀的现象。例如"慌兮兮"中的"兮"，跟上文所举的"毛"不同。单独一个"兮"没有意义，只有连用或者还要附加在词根上才具有意义。

下文讨论杭州方言中的叠现形式，将适当区别构词、构形、反复和叠音现象。

1.2 叠现音节的读音

叠现的两个音节读音不完全相同。形容词、副词、象声词、名词的叠现音节中，念得稍长稍重的多为双音节组合的前一音节，四音节组合的一、三音节，三音节组合的前一音节。（数）量词组合的前一个量词念得重略长。如下列组合底下加短横的音节：

雪雪（白）、（甜）蜜蜜、慢慢（交）、刚刚、（哐）啷啷、（轰）隆隆、（圆）圈圈、姐姐、毛毛（雨）、笔直笔直、寿头寿脑、嘀嘀咕咕、吧唧吧唧、七七八八、哗啦哗啦、哗哗哗、实打实｜卵卵相、顿顿（都是大鱼大肉）、一箱箱、一口一口（吃）

以上只是就叠现音节自身读音而言。叠现形式如果涉及变调，则与音节数量相同的其他组合变调模式相同（参看鲍士杰，1998）。本文专注于词法，不展开讨论其语音形式。

1.3 研究现状和本文的目的

对杭州方言构词和构形的叠现现象，人们有过一些研究。例如鲍士杰（1998）简述过形容词AAB、ABB、ABAB式和动词VV（+儿/补语）式重叠；汪化云（2014）、汪化云和谢冰凌（2012）分别讨论过形容词AAB、ABA、ABB式和动词AA式、四字格之类重叠。但是，这些研究大多不够系统，跟其他方言中同类现象的研究尚有距离。

本文讨论杭州方言词法中的叠现现象，将其分为"形容词的生动形式、其他词的叠现形式"两个大类，进行比较全面的探讨。对此前较深入的研究，如汪化云、谢冰凌（2012）对动词重叠的研究，本文也转述其梗概，以反映杭州方言中叠现现象的整体面貌。

二、形容词生动形式

杭州方言中存在大量包含各类叠现的形容词生动形式。作为基础的非叠现形式，主要是单音节性状形容词、部分双音节形容词。其形容词生动形式，除了"生动"这个重要特点以外，还表达程度的加深或者减弱等等。此类主要有以下8种形式。

2.1 AAB式：强调，表程度很深

杭州方言有些状中结构的双音形容词，前一语素可以重叠，构成 AAB 式。其中 A 是表示比况对象的名词性语素。如"雪白、笔直"中的"雪、笔"，意即"像雪那样、像笔那样"。B 是形容词性语素。由于非重叠的基础形式限制，这类组合不多，常见的有：笔笔直、瘠瘠薄、石石硬、屁屁轻、喷喷香、墨墨黑、蜡蜡黄、冰冰溇溇冷。这个组合强调程度很深。如"雪白"意即"像雪一样白"，而"雪雪白"就强调"雪白"的程度更深，并有往大里夸张、强调的色彩意义。整个组合不改变基本意义，是构形重叠，可以做谓语、补语、状语，如：

（1）搨得雪雪白｜他脸孔高头脸上雪雪白｜宝石山高头宝石山上雪雪白一片。

2.2 ABB式：摩状，表程度加深

杭州方言的 ABB 式一般由单音节形容词性语素加上叠音或重叠成分构成，大多是"音缀式"的，与宋代汉语的 ABB 式有差别（胡斌彬，2005；汪化云，2014）。其 A 大多是可以单用的形容词，如"黄、慌、绿"等。BB 有两类：有的可以视为叠音后缀，例如"兮兮、哈哈"中，单个音节或者没有实义（兮），或者虽有实义但与整个词的意义不相干（哈）；有的应该视为词根的重叠，如"冰冰、蜜蜜、滋滋"等，其中的"冰、蜜、滋"都是有实义的，而且与整个结构意义相关。BB 究竟有无实义，有时很难区分，但其功能是一致的。所以我们不加区别，把 BB 一律视作后缀，把 ABB 式作为一种生动形式来讨论。值得说明的是，多数 BB 只能加在特定的单音节形容词或形素后，例如"哈哈"一般只附加在"黄"后。可以附加在几个单音节形容词或形素后的，仅有"兮兮、茵茵、笃笃"等不多的几个。

鲍士杰（1998）认为，ABB 式表示 A 的程度减弱，可以理解为"有一点 A，带一点 A"。例如：懒洋洋，即有一点懒的样子。其他如"绿茵茵、慌兮兮"，都可以仿此理解。调查发现，人们对 ABB 所表达程度的感受并不一致：或认为是程度减弱，或认为是程度一般，或认为是程度加深。其实，杭州方言的形容词 ABB 式跟普通话一样，是一种生动形式，摩状是其功能的本质。"单音节形容词 A 加上不同的 BB，常使词义或词的色彩有所不同"（吕叔湘，1999）。例如"黄"构成的"黄漖漖液体有点黄、黄澄澄固体有点黄"，意义就各不相同。这种不同当然也包括程度的不同。其 ABB 也不受程度副词修饰，就因为本身有着不同的程度表达，与程度副词的意义冲突：＊蛮黄澄澄的。但是，ABB 表达的程度相对 A 而言，绝不只是"减弱"。如"咸津津微有咸味、咸乎乎很咸"相对于"咸"，

二者就分别表达程度减弱和加深。可见，ABB 表达的程度受制于 BB。如果 BB 并非表达极端特征义，如前述"洋洋、茵茵、兮兮"之类，那么整个结构确乎有点程度减弱的意味。如果 BB 表示 A 的极端特征义，那么其对 A 的摩状就会产生程度加深义。如"冷冰冰"，"冰冰"的"冷"超出一般，是描摹"冷"的极端形式，整个结构意即"像冰一样冷"，所表达的程度就是加深了。其他如"黑乎乎"较之"黑"，"臭烘烘"较之"臭"，"怒冲冲"较之"怒"，都是如此。鲍士杰（1998）对一些 ABB 的解释，也应该理解为程度加深。急躬躬：着急，迫不及待貌；硬梆梆：形容坚硬结实，态度坚决或执拗；木佬佬：多，很多。考虑到该方言中多数 BB 的意义，考虑到摩状本身包含着对程度的某种强调，我们将 ABB 表达的程度意义概括为"加深"。ABB 式大多是形容词的构形重叠，可以带上"的"或"个（不出现在句末。下同）"做定语、状语、谓语、补语：

（2）格伢儿胖嘟嘟的｜胖嘟嘟个样子冒好搞很好玩｜呆鼓鼓个立来东站在那儿｜吃得胖嘟嘟的。

2.3 ABAB 式：表程度极深

ABAB 式常常用以表示程度深到了极点。例如：笔直笔直个一条路，没有比这更直的。这个组合常常带上"的"或"个"，充当谓语、定语、状语、补语。如：

（3）路笔直笔直的｜笔直笔直个一条路｜笔直笔直个望前头开｜画得笔直笔直的。其他如"雪白雪白、血红血红、蜡黄蜡黄、墨黑墨黑、滴溜滴溜、邦硬邦硬"，都是强调 AB 的程度极深，可以仿"笔直笔直"理解。这个格式跟连续反复的修辞格一样，是对对象的极度强调，有夸张的色彩，并不是构成了一个新词。但这种现象极为常见，表达了共同的程度极深的意义，与其他形容词生动形式类似。因此本文视之为一种由修辞现象演变而来的语法现象，与其他通过构形重叠表达形容词程度的现象归为一类。

2.4 ABA 式：表程度很深

ABA 式与其中的 A 基本意义相同，这种构形重叠吴语中普遍存在，颇具特色。杭州方言中 ABA 重叠式不多，主要有嵌进"打"构成的"A 打 A"，其构式义是表程度很深。例如"实打实"就是很实在的意思。"平打平、稳打稳、明打明"都可以仿"实打实"理解。结构中的 A，大多可以单用，如"平、稳、明"等。同 ABB 式一样，ABA 式可以带上"的"或"个"充当谓语、状语、补语、定语，如"实打实"的用例：

（4）格优惠实打实的｜实打实个一篇文章｜写得实打实的｜你实打实个教他。

2.5 "AA 交"式：描摹，表程度弱化

AA 交，是由单音节形容词性语素重叠加上后缀"交"构成的形容。杭州方言的"交"音[tɕiɔl]，"AA 交"强调 A 的状态。如"慢走"的"慢"，表示程度一般，略显正式；"慢慢交走"，则比"慢走"强调"慢"的状态，有描绘色彩，程度有所减弱（鲍士杰，1998）。其他如：好好交话、轻轻交拍、呆呆交来偏巧地在、微微交一点点大、幽幽交轻轻地吹，都可以仿"慢慢交"理解。"AA 交"这种方式构成的形容词，可以作定语，但限于"好好交、轻轻交"等少数用例，多有不满的意思（5）；多作状语（6-7）：

（5）好好交一只碗盏拨你敲破得。| 介轻轻交个东西亜拨我，一眼眼手感阿也没的。

（6）你慢慢交走，地下滑。| 你幽幽交话轻轻地说，亜拨他听到不要被他听到。

"AA 交"中的 A，除了"幽"等少数成分外，大多可以单用。虽然基本意义跟重叠式相同（如"慢、呆"），但是鲍士杰（1998）认为 AA 一般不单用。"交"附加在 AA 后，整个结构是作为整体运用，其后还可以加上状语标记（结构助词）"个"：

（7）慢慢交个慢慢地走。| 碗盏轻轻交个放落来下来，亜敲破不要打破。

但是，据我们调查，杭州方言新派有时会将"交"省略，单用 AA，例如"慢慢走、好好话"。这当是受了普通话形容词 AA 式重叠的影响，是杭州方言中的新发展。

2.6 ABAC 式：表程度很深，构成生动形式的形容词

ABAC 是嵌音重叠构成的形容，如：木知木觉呆貌、硬声硬气、假痴假呆、女样女式、像模像样。"A 头 A 脑"最为多见：木头木脑、毒头毒脑愚蠢顽固、憨头憨脑鲁莽倔强、踱头踱脑、蓬头蓬脑、寿头寿脑、磕头磕脑、滑头滑脑、晕头晕脑。ABAC 的主要意义在 A，嵌入 BC 重叠构词，意义是 A 与 BC 意义的叠加，具有对 BC 描绘的色彩。呆头呆脑：头脑，很呆貌。可以带上"的"或"个"作谓语、状语、定语、补语：

（8）格老倌戆头戆脑的。| 戆头戆脑个老倌。| 儿子变得来得戆头戆脑的。

2.7 AABB 式、A 里 AB 式：表程度很深，构成形容词的生动形式

这两种重叠都是构形重叠表程度很深，与普通话同。AABB 用于积极意义的形容词重叠：服帖→服服帖帖，漂亮→漂漂亮亮，高兴→高高兴兴。A 里 AB 用于消极意义的形容词重叠：古怪→古里古怪，下作→下里下作，啰嗦→啰里啰嗦，龌龊→龌里龌龊。

2.8 讨论

形容词生动形式还包括 ABCD、ABC 式等构词手段（吕叔湘，1999）。这类手段构成的词不多，但具有描绘色彩。前者如：犟头倔脑、贼头狗脑、油头滑脑、昏头搭脑。AC 不能成词，如"犟倔、贼狗、昏搭"等，但整个结构的意义是组分的叠加，如"贼、狗、头脑"构成"贼狗头脑"。少数 AC 可以是一个形容词，BD 可以是一个名词，如"油头滑脑"中可以抽取"油滑"和"头脑"。整个结构亦是组分意义的叠加，可以理解为"AC 的 BD"：犟头倔脑→倔犟的头脑。这类构词手段与叠现无关，不展开讨论。

形容词的生动形式都和程度的表达相关。各重叠形式表达的程度深浅，很多都是相近的，难以精确排列顺序。其由浅及深的顺序可以大致排列如下：

AA 交（减弱）→ABB（加深）→AABB/A 里 AB/ABAC（很深）→ABA/AAB（非常深）→ABAB（极深）

但是，杭州方言形容词的各类叠现形式分别适用于不同的形容词，不同的叠现式存在互补。如 AABB、A 里 AB、ABAC 都是表示程度很深，前二者分别适用于褒义、贬义的双音形容词的构形，后者是构词现象。又如 ABA、AAB 都是表示程度非常深的构形现象，但 ABA 用于单音节形容词，AAB 用于双音节 AB 式状中结构形容词。因此，一个形容词并不能构成上述各种形式进入连续统中。以"黄"为例，可以构成：

黄哈哈（加深）→（蜡黄<蜡一般黄>→）蜡蜡黄（很深）→蜡黄蜡黄（极深）

但"黄"不能构成"黄黄交/黄黄 BB/黄里黄 B/黄打黄"，故上述链条中出现的词有限。

三、其他词的叠现形式

3.1 名词的重叠构词、构形

杭州方言名词的重叠，主要是自由或半自由语素的重叠构词，常见的有三种形式：

第一，AA 重叠，用于部分亲属称谓的构形、构词。杭州方言的单音节称谓"姐、爸、哥"等，可以构成吴语常用的"阿 X"，多用于背称，如"阿爸、阿哥、阿姐"等。也可以重叠构形，如"哥哥、姐姐、爸爸、叔叔"等，多用于面称。单音节形式与重叠形式大多意义没有差别，但存在个人使用习惯和协调韵律（如需要使用双音节词）的因素。"AA"也可以构词，有两种特殊现象：一是老派"伯伯"是父亲兄弟的总称，没有叔伯之分。二是如前所述"爹"是父亲的背称，但重叠的"爹爹"指"爷爷"。

第二，AAB 构词重叠。较少见，如"毛毛雨"等，是"毛毛+雨"的结构。

第三，ABB 重叠。这类重叠三个次类：一是 A 和 BB 都与 ABB 意义有联系，如"蚕宝宝"可以理解为"蚕+宝宝"，但没有相应的 AB 形式"*蚕宝"；这类词表小量、亲切，有类似儿语的效果，是 A+BB 的构词。二是 A 和 BB 都可以独立成词，但 ABB 合在一起，则是意义不同的另一个词，例如"叫哥哥"蝈蝈不等于"叫+哥哥"，这显然是 A+BB 的构词。三是重叠形式不带小称意味，但有较随意的口语色彩；这类都有相应的 AB 形式，AB 与 ABB 式的词性和基本意义相同，例如"小手≈小手手、圆圈≈圆圈圈、鱼泡≈鱼泡泡、狗毛≈狗毛毛、门框≈门框框"等；此类较多，可以视为构形重叠。

以上 3 种重叠式名词与一般名词功能相同，例略。

3.2 象声词、叹词的叠音构词

杭州方言象声词很多。人们尤其是女性说话，会大量使用象声词，以增加话语的形象色彩。象声词既有不同拟音成分构成的单纯词"喱喔、叽里呱啦"之类，更多的是叠音构成的 AA、AAA、ABB、ABAB、AABB 等格式，例如"滴滴、呼呼、滴滴滴、哗哗哗、呼呼呼、叮铃铃、轰隆隆、哐啷啷、呼噜呼噜、咕噜咕噜、吧唧吧唧、嘀嘀咕咕、叮叮当当、叽叽喳喳、滴滴叭叭"。这类象声词只是拟音音节的连续连用或间隔连用，整体模拟某种声音，仍是单纯词，可以作状语、定语、谓语、补语、独立语，也可以单独成句。其中作状语最多见：

（9）肚皮咕噜咕噜一直来响叫个不停。｜哐啷啷！外头炮仗乱放，吓煞人得。

（10）啪啪的响声，我都听到了。｜你听，是汽车，滴滴叭叭！

"哎哟哟"等叹词叠现现象不多，与象声词功能相同：哎呀呀，我卯卯_{次次}都来的。

3.3 副词的重叠构形

杭州方言中的部分单音节副词可以单用，也可以重叠为 AA 式使用，其 A 为程度副词和时间副词、少数语气副词，重叠形式表示程度加深、时间极短、语气加重。如：极极、蛮蛮、老老、活活、煞煞、白白、直直、将将、明明、刚刚，等等。例如：

（11）蛮蛮好个事体挺好的事情，拨你弄得实介套这样。｜他人老老好非常好，有啥用场有用吗？

这类副词重叠的基本意义不变，亦是作状语，其叠用形式应该视为构形重叠。

3.4 数词的重叠构词

杭州方言少数数词可以重叠构成 AA、AABB 式副词做状语：一一、万万、三三两两。也可以构成形容词做定语：七七八八。显然，这类叠现都构成了另一个词，如：

（12）学生子三三两两个进来的。｜七七八八个的事体_{事情}，忙阿忙不转_{忙都忙不过来}。

3.5 量词重叠构形

杭州方言的量词重叠有三种形式，大多与普通话相同。

第一，AA 相：由单音节量词重叠加后缀"相"构成，相当于普通话量词 AA 重叠。卯卯相、日日相_{天天}、月月相_{每月}、只只相_{每只}、个个相_{每个}，可以做主语，多作状语：

（13）格个老倌日日相介早爬起的_{这个人每天都起得这么早}。｜他卯卯相_{每晚}都是头一个来的。

受普通话影响，"AA 相"中"相"可以省略。AA 跟"AA 相"同义，略显正式。

第二，一 AA（儿）、一 A 一 A：表示"每一、逐一"。一 AA（儿），由"一"加上单音量词 A 重叠或者还带上后缀"儿"构成。杭州方言这类量词重叠的意义和普通话相应的重叠不完全相同。是否带"儿"，表达的意义也不同，有两种情形。

一是"一 AA"表"每一 A、逐一 A"的意义，A 大多是名量词，少数是动量词。如"一个个、一箱箱、一口口、一块块、一卯卯"。表示"逐一"义的"一 AA"如果表示强调，也可说成"一 A 一 A"。"一 AA、一 A 一 A"可以充当主语、定语、状语：

（14）格一箱箱挂红色带儿的都是我的。｜格一块块豆腐我都煎了六面，吃吃看。

（15）饭要一口（一）口吃的。｜箱子一只（一）只驮_搬过来。

"一 AA"也可以去掉"一"，仍是表"每一、逐一"，但一般只作话题、次话题：

（16）（一）顿顿_{每顿}都是大鱼大肉。｜人家（一）张张卷子都考 100 分。

但是，"一 AA"与"AA"也有细微的区别。"一 AA"侧重范围中的"每一个、逐一"，而"AA"做话题、次话题，是有定的成分，侧重范围的整体。例如：

（17）一只只盘子刷干净，再递过来拨给我。｜只只_{每只}盘子我都用开水烫过的！

二是带"儿"的"一 AA 儿"表少量的意义，A 是名量词。例如"一歇歇儿_{一会儿}、一眼眼儿_{一点眼儿}、一点点儿"，可以做主语、宾语、定语。例如：

（18）屋里厢_{家里}菜蔬就剩一眼眼儿的，下次要多备眼。｜他再过一歇歇儿过来。

省略格式中的"儿"，仍是表少量；因为其量词都是表少量的"眼、点、歇"之类。

3.6 动词、代词等其他词类的叠现形式

为了相对完整地展示杭州方言中的叠现现象，这里简介一下其他词类的叠现。

第一，关于动词重叠。汪化云、谢水凌（2012）对此有过较全面的研究。他们将带有前缀、后缀、中缀的动词重叠式一并纳入考察范围。根据音节数量，将重叠形式分为"VV 类"和"四字格类"两大类；认为大都是构形重叠，连读变调跟其他词语相同。

一是 VV 类，指单音节自主动词的重叠。杭州方言中 180 个单音节动词，大都可以 VV 式重叠（详下）；不能重叠的为具有[-可控]意义的动词（如：姓、长）。VV 重叠跟普通话一样可以表达短时、尝试的意义，还可以表"惯常"：老王天天来东西湖边趄趄、棋下下每天在西湖边逛逛、下棋。而动作行为的短时、尝试、惯常，意味着动作行为的实现；对于及物动词来说，还隐含着对对象的处置。这些意义在适当的句法结构中会被激活而显性化。"VV 儿"作为儿缀词充当谓语，则含有喜爱（对儿童和动物：小狗儿来东草地上追追儿）或嫌弃（对成年人）的色彩。这些结构包括"VV 在先行分句、VV+补语、VV 看、XVV、VV 儿"5 种。分别举例如下：

（19）信寄寄了就来。把信寄了就来。｜毛巾挂挂挺把毛巾挂正。｜格个菜，你吃吃看这个菜，你尝一下。｜不好瞎话话的不能瞎说。｜格种事体这种事情，有啥个好争争儿的有什么好争的。

二是四字格类，包括 ABAB、A 记 A 记、A 法 A 法、AABB 4 种格式。前三种格式与 VV 重叠类似，只不过其重叠的两段是双音节形式罢了（但 3 种有一些差别）；第 4 种跟普通话 AABB 式重叠意义相同，是两个不同 VV 的叠现。因此，这实际上是两种四字格重叠。这类重叠都可以表示动量的短时、不强烈或不长等意义。分别举例如下：

（20）房间收作收作（把）房间收拾收拾。｜你要揩记揩记个不要老蹭啊蹭啊的，我来哈写字。｜个这小伙子，每天趄法趄法闲逛，正经事体不做。｜他结结巴巴个话讲不出话。

第二，关于代词的叠现。杭州方言的代词也存在叠现现象。如"你你、我我我"等，但或是因情急而结巴，或是表达某种特殊情绪，与共同语类似，并非语法现象。比较：

（21）呀！俺向着这迥野悲凉。草已添黄，兔早迎霜……他他他，伤心辞汉主；我我我，携手上河梁。他部从入穷荒，我銮舆返咸阳……（马致远《汉宫秋》）

例（21）出自元杂剧中人物汉元帝的台词。作者运用连续反复的修辞格，通过量的增加来突出表达效果，渲染了人物的悲愁、凄凉和孤独。可见，代词的叠现古已有之，并未语法化为一种特定的格式。杭州方言的代词叠现也是一种修辞现象，用杭州话来读上述人称代词"他他他、我我我"，每组三个词的语音不会有多少差异。显然，其叠现是反复的语用手段，与其他词的构词、构形，性质完全不同。

第三，其他。杭州方言的语气词、助词、介词、连词意义很虚，没有叠现现象；区别词（属性词）如"慢性、新式、多功能"等大多来自普通话，一般也没有叠现现象。

四、结语

以上讨论了杭州方言中语素、音节的重叠、嵌音重叠和叠音等叠现现象。其中反映形容词不同程度的重叠、叠音形成的构词、构形形式凡 8 种，名词、象声词、叹词、副词、量词、数词的叠音和重叠等叠现构词、构形形式凡 13 种，转述简介了动词的两大类 9 种叠用形式。杭州方言的叠现构词、构形现象以形容词、动词、名词这 3 个开放类的实词最为丰富，象声词、量词次之，副词、数词、叹词较少。叠用对象中，重叠手段较多见；叠音手段主要用于构成象声词和形容词，较少见。叠现的基本形式有 AA、AAB、ABB、ABA、AABB、ABAB 凡 6 种，其他格式主要是 AA 处在不同位置和在 AA 基础上前加、后加或中加成分构成的。不同词类形式上的类似叠现，没有相同的语法意义，例如名词、副词、象声词、叹词、形容词、动词的 AA 式叠现就互不相同。而代词、语气词、助词、介词、连词、区别词没有词法意义上的叠现。

参考文献

鲍士杰 1998 《杭州方言词典》，南京：江苏教育出版社。

胡斌彬 2005 宋代的 ABB 式重叠现象管窥，《贵阳学院学报》第 1 期：54-57。

吕叔湘 1999 《现代汉语八百词》(增订本)，北京：商务印书馆。

汪化云 2014 从语法现象看杭州方言的性质，《方言》第 4 期：356-364。

汪化云、谢冰凌 2012 杭州方言的动词重叠，《浙江外国语学院学报》第 6 期。

湖北广水方言的构词后缀"儿、娃儿"*

左翠玲

（浙江广厦建设职业技术大学）

摘要: 广水方言的构词后缀"儿、娃儿"，都是由名词虚化而来，二者发音有自主和非自主之别。"儿"后缀与所附音节发生儿化，可以构成名词、量词。"娃儿"自成音节，与所附音节不发生语音联系，只能构成名词。两个词缀构成的词有许多不同，但在一定范围内可以互换构成同义的名词。二者并存，构成的词色彩有差异，应该与权威方言、共同语的影响有关，也与词汇双音化的影响有关。

关键词: 广水方言 词缀 儿 娃儿 构词

广水市在湖北省东北部，位于桐柏山脉东南麓，大别山脉西端。东部与湖北省大悟县接壤，南部与湖北省安陆市、孝昌县相邻，西部与湖北省随州市曾都区交界，北部与河南省信阳市毗连。广水方言属江淮官话黄孝片（李荣 2002），处在江淮官话与中原官话、西南官话的过渡地带。该方言的"儿"和"娃儿"很有特色。"儿"可以是名词，也可以作名词、量词的构词后缀，与普通话的"儿化"现象有相同的一面；"娃儿"来自名词，但一般作名词的构词后缀。作为后缀，二者具有不同的发音和构词特点，也有一些共性；是该市处在特殊的地理位置，受南面和北面的汉语方言共同影响的结果。本文讨论广水方言的构词词缀"儿"和"娃儿"。为讨论需要，先介绍该方言的音系。

一、广水方言的声韵调

1.1 声母 共 22 个，包括零声母。

p 八兵布步别　　pʰ派片怕爬盘　　m 麦明门忙梦

---

* 本文为国家社科基金重大招标项目(18ZDA297)"600 年来赣语与官话互动的历史追踪、现状调查与数据库建设"和浙江省社科规划课题(23NDJC385YB)"沪杭苏新兴工业区外来工的方言接触与变异研究"的阶段性成果。发音合作人：广水-左光钰，男，农民，68 岁；董凤华，女，农民，68 岁。孝感-邓胜强，男，职员，40 岁。随州-苏丹，女，职员，40 岁。襄阳-张翠，女，职员，36 岁。本文系作者在浙江师范大学访学期间由王洪钟教授指导完成，并经汪化云教授指导修改定稿。对为本文写作提供帮助的人士，作者表示衷心的感谢！

左翠玲，女，浙江广厦建设职业技术大学副教授、马来西亚 UNIRAZAK 在读博士，主要研究社会语言学和汉语方言，电箱：564448425@qq.com 。

t 到多道夺毒　　　tʰ 太讨天同甜　　　l 兰路难怒扭

k 盖高格贵共　　　kʰ 开空客跪葵　　　ŋ 熬岸硬安案　　　x 灰红黑飞冯

tɕ 酒九杰精经　　　tɕʰ 秋枪桥穷全　　　　　　　　　　　ɕ 响线修旋县

ts 资争糟祖增　　　tsʰ 粗初巢从锄　　　　　　　　　　　s 散苏僧生师

tʂ 纸主招举蒸　　　tʂʰ 处去潮虫除　　　ȵ 女　　　　　ʂ 税扇虚声诗　　　ʐ 热软月缘远

Ø 味问温王言

1.2 韵母　共 37 个，不含儿化韵。

ɿ 资字次师丝　　　i 第以踢米戏　　　u 木五母骨谷　　　y 猪出虚欲局

ʅ 支尺试十日₁

a 爬妈茶辣八　　　ia 架夹掐虾牙　　　ua 刮夸花法瓦

o 歌壳河托坐　　　io 脚确却学药

e 北百蛇舌色　　　ie 姐写铁节野　　　ue 国或　　　　　ye 靴缺月热说

ɚ 儿而耳尔日₂

ai 排买介开鞋　　　　　　　　　　　uai 怪快坏拽帅

ei 倍陪妹对推　　　　　　　　　　　uei 桂亏飞追水

ɑu 饱保宝桃烧　　　iɑu 掉条叫笑桥

əu 斗赌丑六绿　　　iəu 丢怄九流油

an 短胆酸三衔　　　ian 间减廉盐年　　　uan 官宽欢翻弯　　　yan 权船专穿圆

en 灯根寸争硬　　　ien 病紧林灵星　　　uen 滚春横魂温　　　yen 军群勋云韵

ɑŋ 帮旁党糖桑　　　iɑŋ 良讲枪想羊　　　uɑŋ 光框慌王忘　　　yɑŋ 装床双

oŋ 东动用红翁　　　ioŋ 窘琼穷胸牛

1.3 声调　共 5 个，不包括轻声。这是一个很有特色的现象。一般认为，广水方言属于江淮官话黄孝片（汪化云，2016），但是，其去声不分阴阳，却不具备该片方言大多是 6 个声调（平、去分阴阳，存在上、入声）的特点，而与一些中原官话类似：

阴平 31 高开婚乌妈　　　阳平 55 麻穷寒鹅无　　　上声 35 古口好五马

去声 214 盖抗汉共岸　　　入声 51 割合急缺歇

二、词缀"儿、娃儿"的发音

2.1 "儿"后缀的发音

广水方言的后缀"儿"附着于不同的音节，与所附音节的韵母发生儿化，而所附音节的声母、声调不变。其实际发音取决于所附音节的韵母，可以大别为两类：当所附音节是元音结尾时，儿尾音[·ə]，须改变或不改变所附音节的韵母并与之相拼以构成儿化音节；当所附音节是辅音结尾时，儿尾音[·ɚ]，须改变所附音节的韵母并与之相拼以构成儿化音节，即其发音方式与普通话的儿化类似。这有以下 5 种情形（如果没有相应的常用儿化词，就列音韵地位相同的儿化人名）。

第一，韵母的末尾音素为 o 时附加"儿"后缀，变 o 为ɚ，即原韵母或韵腹取零形式，然后与ɚ相拼。例如：

波 po^{31}→波儿 pɚ^{31} 坡 pʰo^{31}→坡儿 pʰɚ^{31} 末 mo^{51}→末儿 mɚ^{51} 最后
脚 tɕio^{51}→脚儿 tɕiɚ^{51} 雀 tɕʰio^{51}→雀儿 tɕʰiɚ^{51} 学 ɕio^{55}→学儿 ɕiɚ^{55} 人名

第二，韵母末音音素为 a/e 时附加"儿"后缀，变 a/e 为ɛ，并且与[ə]相拼。例如：

箆 pʰa^{55}→箆儿 pʰɛə^{55} 马 ma^{35}→马儿 mɛə^{35} 沙 ʂa^{31}→沙儿 ʂɛə^{31}
家 tɕia^{31}→家儿 tɕiɛə^{31} 夹 tɕia^{51}→夹儿 tɕiɛə^{51} 虾 ɕia^{31}→虾儿 ɕiɛə^{31}
瓜 kua^{31}→瓜儿 kuɛə^{31} 花 xua^{31}→花儿 xuɛə^{31} 瓦 ua^{35}→瓦儿 uɛə^{35}
车 tʂʰe^{31}→车儿 tʂʰɛə^{31} 册 tsʰe^{51}→册儿 tsʰɛə^{51} 格 ke^{51}→格儿 kɛə^{51}
结 tɕie^{51}→结儿 tɕiɛə^{51} 茄 tɕʰie^{55}→茄儿 tɕʰiɛə^{55} 叶 ie^{51}→叶儿 iɛə^{51}
国 kue^{51}→国儿 kuɛə^{51} 人名   蝈 kue^{51}→蝈儿 kuɛə^{51} 蝈蝈儿 kue^{51}kuɛə
缺 tsʰye^{51}→缺儿 tsʰyɛə^{51} 月 zye^{51}→月儿 zyɛə^{51} 说 ʂye^{51}→说儿 ʂyɛə^{51}

第三，韵母末尾音素是 i/u/ʮ/ʯ/ɿ 的音节附加"儿"后缀，有两种情形：如果这个音素是韵母中唯一的元音，那么以这个音素与ɚ相拼（1-5 行）；如果这个音素是韵尾，那么韵腹、韵尾一起变为ɛ并且与ɚ相拼（6-13 行）。例如：

笔 pi^{51}→笔儿 piɚ^{51} 皮 pʰi^{55}→皮儿 pʰiɚ^{55} 米 mi^{35}→米儿 miɚ^{35}
鼓 ku^{35}→鼓儿 kuɚ^{35} 姑 ku^{31}→姑儿 kuɚ^{31} 壶 xu^{55}→壶儿 xuɚ^{55}
猪 tʂʯ^{31}→猪儿 tʂʯɚ^{31} 菊 tʂʯ^{51}→菊儿 tʂʯɚ^{51} 人名   树 ʂʯ^{214}→树儿 ʂʯɚ^{214}
纸 tʂʅ^{35}→纸儿 tʂʅɚ^{35} 齿 tʂʰʅ^{35}→齿儿 tʂʰʅɚ^{35} 食 ʂʅ^{55}→食儿 ʂʅɚ^{55}
字 tsɿ^{214}→字儿 tsɿɚ^{214} 刺 tsʰɿ^{214}→刺儿 tsʰɿɚ^{214} 丝 sɿ^{31}→丝儿 sɿɚ^{31}

街 kai^{31}→街儿 kɛɚ^{31}	牌 pʰai^{55}→牌儿 pʰɛɚ^{55}	孩 xai^{55}→孩儿 xɛɚ^{55}
乖 kuai^{31}→乖儿 kuɛɚ^{31}	块 kʰuai^{35}→块儿 kʰuɛɚ^{35}	踝 xuai^{55}→踝儿 xuɛɚ^{55}
妹 mei^{214}→妹儿 mɛɚ^{214}	堆 tei^{31}→堆儿 tɛɚ^{31}	雷 lei^{55}→雷儿 lɛɚ^{55}
水 ʂuei^{35}→水儿 ʂuɛɚ^{35}	鬼 kuei^{35}→鬼儿 kuɛɚ^{35}	坠 tʂuei^{214}→坠儿 tʂuɛɚ^{214}
桃 tʰɑu^{55}→桃儿 tʰɛɚ^{55}	刀 tɑu^{31}→刀儿 tɛɚ^{31}	招 tʂɑu^{31}→招儿 tʂɛɚ^{31}
条 tʰiɑu^{55}→条儿 tʰiɛɚ^{55}	刁 tiɑu^{31}→刁儿 tiɛɚ^{31}	料 liɑu^{214}→料儿 liɛɚ^{214}
豆 tɔu^{214}→豆儿 tɛɚ^{214}	头 tʰɔu^{55}→头儿 tʰɛɚ^{55}	篓 lɔu^{35}→篓儿 lɛɚ^{35}
酒 tɕiɔu^{35}→酒儿 tɕiɛɚ^{35}	球 tɕʰiɔu^{55}→球儿 tɕʰiɛɚ^{55}	袖 ɕiɔu^{214}→袖儿 ɕiɛɚ^{214}

但是，当双唇音声母 p、pʰ、m 与韵母 u 组合，然后附加"儿"后缀时，必须变 u 为ɤ。这是因为音节中的声母、韵母发音部位相近，故而发生了异化，以致跟舌位、唇形相近的末尾音素 o 附加"儿"后缀的发音一样。例如：

布 pu^{214}→布儿 pɤ^{214}	铺 pʰu^{214}→铺儿 pʰɤ^{214}	亩 mu^{35}→亩儿 mɤ^{35}

第四，韵尾是 ŋ 的音节附加"儿"后缀时，鼻韵尾脱落，韵腹变为鼻化的 ɚ̃。如：

棒 paŋ^{214}→棒儿 pɚ̃^{214}	瓢 raŋ^{55}→瓢儿 rɚ̃^{55}	缸 kaŋ^{31}→缸儿 kɚ̃^{31}
酱 tɕiaŋ^{214}→酱儿 tɕiɚ̃^{214}	墙 tɕʰiaŋ^{55}→墙儿 tɕʰiɚ̃^{55}	箱 ɕiaŋ^{31}→箱儿 ɕiɚ̃^{31}
框 kʰuaŋ^{31}→框儿 kʰuɚ̃^{31}	光 kuaŋ^{31}→光儿 kuɚ̃^{31}	黄 xuaŋ^{55}→黄儿 xuɚ̃^{55}
庄 tʂʐuaŋ^{31}→庄儿 tʂʐuɚ̃^{31}	床 tʂʰʐuaŋ^{55}→床儿 tʂʰʐuɚ̃^{55}	双 ʂuaŋ^{31}→双儿 ʂuɚ̃^{31}
葱 tsʰoŋ^{31}→葱儿 tsʰɚ̃^{31}	洞 toŋ^{214}→洞儿 tɚ̃^{214}	风 xoŋ^{31}→风儿 xɚ̃^{31}
牛 ioŋ^{55}→牛儿 iɚ̃^{55}	琼 tɕʰioŋ^{55}→琼儿 tɕʰiɚ̃^{55}（人名）	胸 ɕioŋ^{31}→胸儿 ɕiɚ̃^{31}

第五，韵尾是 n 的音节附加"儿"后缀时，韵尾脱落，韵腹变为ɛ与鼻化的 ɚ̃ 相拼。例如：

班 pan^{31}→班儿 pɛɚ̃^{31}	盘 pʰan^{55}→盘儿 pʰɛɚ̃^{55}	杆 kan^{31}→杆儿 kɛɚ̃^{31}
边 pian^{31}→边儿 piɛɚ̃^{31}	片 pʰian^{214}→片儿 pʰiɛɚ̃^{214}	面 mian^{214}→面儿 miɛɚ̃^{214}
碗 uan^{35}→碗儿 uɛɚ̃^{35}	官 kuan^{31}→官儿 kuɛɚ̃^{31}	弯 uan^{31}→弯儿 uɛɚ̃^{31}
船 tʂʰʐuan^{55}→船儿 tʂʰʐuɛɚ̃^{55}	圈 tʂʰʐuan^{31}→圈儿 tʂʰʐuɛɚ̃^{31}	栓 ʂuan^{31}→栓儿 ʂuɛɚ̃^{31}
本 pen^{35}→本儿 pɛɚ̃^{35}	盆 pʰen^{55}→盆儿 pʰɛɚ̃^{55}	藤 tʰen^{55}→藤儿 tʰɛɚ̃^{55}
名 mien^{55}→名儿 miɛɚ̃^{55}	兵 pien^{31}→兵儿 piɛɚ̃^{31}	瓶 pʰien^{55}→瓶儿 pʰiɛɚ̃^{55}
纹 uen^{55}→纹儿 uɛɚ̃^{55}	滚 kuen35→滚儿 kuɛɚ̃35	魂 xuen^{55}→魂儿 xuɛɚ̃^{55}

菌 tʂuen³¹→菌儿 tʂʮẽ³¹　　准 tʂuen³⁵→准儿 tʂʮẽ³⁵　　　群 tʂʰuen⁵⁵→群儿 tʂʰʮẽ⁵⁵

不难看出，"儿"后缀是否改变所附音节韵母的发音，主要是看韵母的最后音素是否容易与[•ɚ]的相拼。容易与[•ɚ]相拼的高元音、舌尖元音之类单元音韵母，一般不改变韵母的发音而直接与之拼合，如"第三"中 i/u/ʮ/ʯ/n 的 1-5 行韵母（u 有例外）。此类较少。不容易与[•ɚ]相拼的其他单元音、复元音、辅音，则改变韵母再与之拼合，如"第一、第二、第四、第五"中的 o/a/e/ŋ/n 以及"第三"中的 6-13 行韵母。此类较多。这就是说，广水方言"儿尾"的发音形式，是"非自主的"（non-autonomous），必须以韵母和儿尾协同的发音。

2.2 "娃儿"后缀的发音

词缀"娃儿"的发音相对单纯。"娃儿"本为实语素"娃"＋词缀"儿"构成的儿化音节，虚化为一个复合的词缀。"娃儿"一般念作轻声[•uɚ]（参看第三节（3.2）），附着在表示常见事物的词根上构词，但是不与所附音节发生语音方面的联系，其发音完全是"自主的"（autonomous）。例如：

鸡娃儿 tɕi³¹•uɚ	羊娃儿 iaŋ⁵⁵•uɚ	桶娃儿 tʰoŋ³⁵•uɚ	鞋娃儿 xai⁵⁵•uɚ
帽娃儿 mɑu²¹⁴•uɚ	袄娃儿 ŋɑu³⁵•uɚ	扇娃儿 ʂan²¹⁴•uɚ	袜娃儿 ua⁵¹•uɚ
褂娃儿 kua²¹⁴•uɚ	猴娃儿 xɚu⁵⁵•uɚ	桌娃儿 tʂuo⁵¹•uɚ	刀娃儿 tɑu³¹•uɚ
灶娃儿 tsɑu²¹⁴•uɚ	狗娃儿 kɚu³⁵•uɚ	爪娃儿 tʂua³⁵•uɚ	棍娃儿 kuen²¹⁴•uɚ

2.3 小结

尉迟治平（1989）把汉语方言"儿"后缀的不同发音分为拼合、结合、化合三类，认为汉语中"儿"后缀发音的历时演变是由拼合向结合进而向化合发展的。前面的介绍证明，广水方言"儿"后缀的发音都处在最后的"化合"阶段，与普通话相同；其"儿"后缀不独立成音节，发音都是与前字韵母末尾音素互动；不存在同属江淮官话黄孝片团风方言（汪化云，1999）中的那种"拼合、结合"的现象。"娃儿"与"儿"不同，是复合词缀，与所附词根的发音没有互动，像是与前面的词根"结合"。但尉迟治平（1989）指出，结合类的"儿"后缀虽然是独立成音节的，但其发音与所附音节有联系。广水方言中的"娃儿"后缀发音则与所附音节完全无关，不是结合。

三、词缀"儿"和"娃儿"的意义和构词

3.1 "儿"的意义和构词

广水方言的名词"儿",意义为"子息",音[ə⁵⁵],可以做主语、宾语、定语等句子成分。如:他的儿,考上了北大。|他家的母猪,下了一窝儿小猪仔。|儿的婚事,成了她的心病。后缀"儿"则不同。我们知道,词缀的一般特征是:语音为非重音,意义虚化,位置有单向性,构词类化。广水方言的后缀"儿"就完全具有这 4 个特征:一般不独立发音,但是可以视为轻声音节与所附词根发生化合;没有"子息"之类的实义,只表达小称等语法意义;出现在词根后,主要构成名词,也可以构成量词。其构词主要有三种情形:

第一,"儿"后缀出现在名词性语素后,与之发生儿化,构成名词或量词,此类最多。儿化音节可以构成双音节或单音节。如:盆儿 pʰɛə̃⁵⁵→一个盆儿|一盆儿辣椒,其中的"盆儿"是单音节的名词或量词。又如:

    岔→岔儿名词 地方   碗→碗儿名词、量词   饭盒→饭盒儿名词 量词   瓜瓢→瓜瓢儿名词

第二,"儿"后缀出现在动词性语素后,与之发生儿化,构成名词。如:刷儿ʂuɛə⁵¹,指小刷子。这类动词性语素常常重叠再加"儿"缀,构成的仍然是名词,例如:刷刷→刷刷儿ʂua⁵¹ʂuɛə,指小刷子。此类有些是儿语词(参看下文三点说明的"其二")。又如:

    搭→搭搭儿这地儿   夸→夸夸儿能说会道的人   嚼→嚼嚼儿爱唠叨的人   爬→爬爬儿爬行者

第三,"儿"后缀出现在量词性语素后,与之发生儿化,构成表小称的量词或名词。如:

    盒→盒儿→一盒儿量词|空盒儿名词   片→片儿→几片儿量词|尿片儿名词
    篮→篮儿→一篮儿量词|竹篮儿名词   盆→盆儿→三盆儿量词|脸盆儿名词

不难发现,名词性和量词性语素构词有共性,都能构成名词、量词。而动词性语素附加儿尾只能构成名词。以上列举有三点值得说明:

其一,有些儿化音节只能构成双音节词,如:"筢儿"不能独立成词,必须构成"烤筢儿竹制农具"。这样的词又如:说白儿说了但没用、摸黑儿起早贪黑、存折儿、口诀儿、小说儿、吃苦儿、打嗝儿、春卷儿、抓阄儿、光棍儿、面条儿、刀片儿、好玩儿、差点儿、红花儿、人影儿、跑腿儿、百能儿能干的人、尿片儿、瓜瓢儿,等等。

其二,有些单音节的名词性或动词性语素需要重叠后,再加"儿"构成双音节词,这类词大多是儿语词。如:牛→牛牛儿小孩嘴的小名、鸭→鸭鸭儿、肚→肚肚儿、桌→桌桌儿。

其三，儿化的词，都比非儿化形式增加了小称、喜爱、口语等意义和色彩。此与普通话相同，以下仅举几例说明，不展开讨论。如量词"碗、碗儿"，在"一大碗辣椒，一小碗儿燕窝"中，"碗儿"有小、令人喜爱、口语的意义和色彩，"碗"没有这样的意义。例中的"碗"与"碗儿"不能互换。"件、件儿|手、手儿"等等，也是如此。试比较：

一件破衣裳。|一件儿花衬衫。

他常干粗活儿，一双手磨出了老茧。|她有什么活儿，一双手儿白白嫩嫩的。

3.2 娃儿的意义和构词

广水方言没有单音节的"娃"，只有轻声、儿化的"娃儿"。与很多方言里的"娃儿"（如重庆方言"客娃儿"、成都方言"背时娃儿"，河南方言"俩娃儿"，另参看徐娟2017）可以单独成词不同，广水方言中"娃儿"只作后缀，这个儿化形式也具备了前文所述词缀的几个特征：读轻声[•uɚ]；与"孩子"意义无关，已经虚化；不单独使用，只充当后缀，类似于"儿"后缀。而且，只能出现在名词性词根后，构成名词。有以下几种情形：

第一，构成动物名词。例如可以独立使用的根词"狗"加"娃儿"，表示"幼小的狗"，同时有"可爱"的感情色彩和口语色彩。这类词又如：

猫娃儿、羊娃儿、兔娃儿、猪娃儿、牛娃儿、鸭娃儿、鹅娃儿、虫娃儿

以上的"猪、牛、鹅、虫"都是根词，可以单独使用。但"猫、羊、兔、鸭"只作词根，不单独成词，必须附加"娃儿"等词缀才能成词，表示"幼小、可爱、口语"的意义和色彩。另外，"鸡娃儿"附注不表示幼小的鸡，表示这一意义通常使用"小鸡儿"。以上"X+娃儿"除了"猪娃儿、牛娃儿、鹅娃儿"外，其余词中的"娃儿"都可以用"子"替换。但"子"尾词仅保留口语色彩，不再表示幼小义，而感情色彩为中性的。例如：

猫子、羊子、兔子、鸭子、虫子、*猪子、*牛子、*鹅子

第二，构成植物名词。如："瓜"加"娃儿"，意为幼小的或体形小的瓜。这类词表示植物处于新生状态或处于成长初期，带有令人疼惜的意义、口语色彩。又如：

叶娃儿、丫娃儿小丫枝、树娃儿、藤娃儿、萝卜娃儿、冬瓜娃儿、葫芦娃儿

第三，构成其他类名词。广水方言词缀"娃儿"构成的其他名词很多，均表示小称、喜爱、口语的色彩。如：

棍娃儿、刀娃儿、盅娃儿、屋娃儿、埂娃儿、地娃儿、凳娃儿、坛娃儿

不难看出，不同类的"娃儿"作后缀的名词，具有不完全相同的色彩意义。但从总体上看，"娃儿"具有上文简述的"儿"后缀词的三个主要色彩意义：

一是表小称。例如：床→床娃儿_{小床}、 鞋→鞋娃儿_{小孩子的鞋}。如果要刻意强调对象的"小、嫩"，还可以将"娃儿"念作阳平本调并且儿化。如：菜瓜娃儿 tsʰai²¹⁴kua³¹uə⁵⁵、毛衣娃儿mɑu⁵⁵i³¹uə⁵⁵、蒲扇娃儿pʰu⁵¹san²¹⁴uə⁵⁵、蜘蛛娃儿tʂ⁵̩tʂʮuə⁵⁵。这就是说，如果"娃儿"后缀不念轻声，就具有强调的色彩，这是一种语用现象。

二是表喜爱的感情色彩。例如：猫→猫娃儿_{令人喜爱的小猫}、伢→伢娃儿_{可爱的小孩子}

三是表口语色彩。如：虫_{书面、正式}→虫娃儿_{口语、随意}、车_{书面、正式}→车娃儿_{口语、随意}

3.3 "儿、娃儿"的虚化

广水方言的"儿"后缀跟普通话"儿"后缀构词、表意相同，当有着同样的虚化过程，不赘述。这里只简述"娃儿"的虚化问题。

广水方言中有两个词的后缀"娃儿"，似乎有"小孩儿"的意义：婆娘娃儿_{小女孩儿的昵称，贬义无褒微}、妹妹娃儿_{幼嫩妹}。但是，这里的"小孩儿"意义显然应该来自指人的"婆娘/妹"加上小称的"娃儿"：小的"婆娘"、小的"妹"，当然隐含有"小孩子"的意义。但是，联系"娃儿"构成的词都有小称的意义来看，这里的"娃儿"也应该视作表示"小"的后缀。当然，由于周边方言存在指小孩的名词"娃儿"，一般人也觉得广水方言里的"娃儿"多少有点儿实义。这启示我们，"娃儿"虚化为词缀应该经历了三个阶段：第一，与周边的安陆、大悟、孝昌等方言一样，广水方言也许曾有过名词性语素"娃"；其后面附加"儿"缀，就构成一个儿化名词"娃儿"。第二，受"儿"后缀的类推，"娃儿"逐步往虚化为词缀的路上走。第三，汉语中词的双音化趋势推动，导致单音节词根与单音节"娃儿"构成双音节词，"娃儿"彻底地虚化为后缀。当然，这只是一种假说，需要文献提供实锤的证明。

四、讨论与结语

4.1 "儿"后缀与"娃儿"后缀的区别和联系

上文说到，"儿"和"娃儿"发音不同，功能相近。但二者还存在其他的异同。

第一，两个后缀给人的语感不同。当地人的语感证明，"娃儿"后缀比"儿"后缀更地道，更具本土色彩；"儿"后缀则显得稍微正式一些。但两个词缀构词甚多，都应该是该方言中固有的词缀。如前所述，广水方言毗邻中原官话，因此与中原官话多少有些相近的地方（如前所述，其去声不分阴阳，就跟很多中原官话方言点类似，而与江淮官话黄孝片多数方言点不同），以致外地人往往觉得具有中原官话的色彩。事实上，该方言的"娃儿"后缀与河南信阳方言（邢建丽 2011）、陕西西安方言（王军虎 1996）中的"娃儿"后缀，构词情形大同小异。而"儿"后缀也大量存在于广水北面的官话方言中，上述信阳、西安方言中就存在大量的儿化词。那么，为什么"儿化"词显得正式一些？这可能与权威方言、普通话的影响不无关系：南边的省会大城市武汉方言（吴振国 1999）、普通话都存在"儿"后缀和"儿化"现象，但不存在"娃儿"后缀。权威方言和普通话中存在的现象自然显得正式一些，所以，广水方言与之同类的"儿"后缀和"儿化"现象也就显得正式一些。相应地，跟权威方言、普通话不同的"娃儿"后缀，其本土色彩就凸显出来了。

第二，两个后缀构成的词数量不同。因为词根的音节数量等原因，"儿"和"娃儿"构成的词有一些不同。例如：

床娃儿/小床儿　鞋娃儿/布鞋儿　车娃儿/小车儿　桶娃儿/木桶儿

帽娃儿/草帽儿　盆娃儿/脸盆儿　勺娃儿/汤勺儿　箱娃儿/皮箱儿

虽然以上每组两个词的意义并不完全相等，但每两个词都可以视为同义词。其构词的条件制约是：单音节词根后面多附加"娃儿"后缀，以构成双音节词，如"裤娃儿"。双音节词根后多附加"儿"后缀，也是构成双音节词，如"短裤儿"。这证明了汉语词汇双音化的趋势对该方言"儿、娃儿"后缀构词有一定的推动作用。类似这样的词语还有很多，如：

竹篮儿/篮娃儿　铁锤儿/锤娃儿　猪肚儿/肚娃儿　母狗儿/狗娃儿　小伢儿/伢娃儿

由于广水方言双音节词比较多，常常构成儿缀词，因此"儿"后缀词要多于"娃儿"后缀词。此外，如前所述"儿"后缀还可以用在动词性、量词性词根后，"娃儿"只能用在名词性词根后，因此，"儿"后缀词大大多于"娃儿"后缀词。

第三，两个后缀具有一定的共性。如果都是双音节词根，"娃儿"后缀和"儿"后缀还可以互换构成语义几无差别的同义词。例如：

葫芦娃儿/葫芦儿　糖罐娃儿/糖罐儿　铁锅娃儿/铁锅儿　竹床娃儿/竹床儿

鲫鱼娃儿/鲫鱼儿　条桌娃儿/条桌儿　板凳娃儿/板凳儿　衣柜娃儿/衣柜儿

木棍儿/木棍娃儿　米猫儿[猫咪]/米猫娃儿　皮鞋儿/皮鞋娃儿　布袋儿/布袋娃儿

显然，这是词缀"娃儿"与词缀"儿"互相影响的表现。当然，这类词的数量不多。很多双音节名词性词根构成的儿化词是不能够替换为"娃儿"缀。如：钱包儿→*钱包娃儿，后者不成立。这类儿化词大多与普通话相同。又如：

名牌儿→*名牌娃儿　刀把儿→*刀把娃儿　大腕儿→*大腕娃儿

蛋黄儿→*蛋黄娃儿　烟卷儿→*烟卷娃儿　手绢儿→*手绢娃儿

针眼儿→*针眼娃儿　果冻儿→*果冻娃儿　模特儿→*模特娃儿

4.2 "娃儿"后缀与"子"后缀的连用

在广水方言中，存在表示"同类中大的事物或整类事物"的"子"（参看盛银花 1999）和表示小、口语、可爱的后缀"娃儿"连用的现象，但所构成的词的色彩意义一般是"小、口语、可爱"，即处于词义外围的词缀意义更为彰显。例如：

桌子娃儿小桌子　柜子娃儿小柜子　凳子娃儿小凳子　瓶子娃儿小瓶子

罐子娃儿小罐子　缸子娃儿小缸子　褂子娃儿小孩儿的褂子　梳子娃儿小梳子

这类词可以去掉"子"保留"娃儿"，还可以去掉"娃儿"在前面再加个"小"，基本意义不变。如：桌子娃儿≈桌娃儿≈小桌子 | 柜子娃儿≈柜娃儿≈小柜子 | 瓶子娃儿≈瓶娃儿≈小瓶子。其中"娃儿"后缀词仍是表示小、口语、可爱的色彩，"子"后缀词只有口语的色彩。

4.3 结语

综上所述，"儿、娃儿"在广水方言中都可以作构词后缀。"儿"后缀是由名词"儿"虚化而来，使用范围广于"娃儿"。"娃儿"只能作名词后缀，参考周边方言中的同类现象，这个后缀当是由广水方言可能曾有过的名词"娃儿"虚化而来。"儿、娃儿"的分布不完全相同，但可以在一定范围内互换构词。二者并存，有着词汇双音化影响的因素和二者互相影响的因素；而二者色彩微异，主要是受了权威方言和共同语"儿化"现象的影响。

参考文献

李　荣 2002.《现代汉语方言大词典》（综合本），南京：江苏教育出版社。

马婷婷 2016. 襄阳市女性社会称呼语生活现状研究，《襄阳职业技术学院学报》第 2 期：10-13。

盛银花 1999. 安陆方言的词缀"子、儿、娃儿"，《湖北教育学院学报》第 6 期：17-28。

汪化云 1999. 团风方言的儿尾，《方言》第 4 期：277-281。

汪化云 2016.《黄孝方言语法研究》，北京：语文出版社。

王军虎 1996.《西安方言词典》，南京：江苏教育出版社。

尉迟治平 1989. 英山方言的儿尾,《语言研究》第 2 期: 22-31。

吴振国 1999. 武汉话中的类儿化音变,《华中师范大学学报》第 5 期: 99-102。

邢建丽 2011.《信阳方言词汇研究》,西南大学硕士学位论文。

徐 娟 2017. 浅析宜城方言后缀"娃儿",《开封教育学院学报》第 1 期: 69-70。

汉日语肯定性应答形式的比较研究

——以 APU『中国語I』课文及中文影视剧作品中的肯定性应答表现为例

河原畑 希久

（APU 立命馆亚洲太平洋大学）

摘要： 汉语的 "好"、"好的"、"好啊" 以及 "是"、"对" 等肯定性应答形式是对话中必不可少的。对于汉语初学者来说，区分 "好"、"好的" 和 "好啊" 等肯定性应答形式较难，因它们与说话人的意图、心理态度和情感（以下称发话态度）相关。本文将着重考察 APU『中国語Ｉ』课文及中文影视剧作品中使用的肯定性应答表现，拟探讨汉语肯定性应答形式 "好"、"是"、"对" 等呈现的发话态度，通过与日语中的肯定性应答表现进行对比，归纳两种语言的差异。

关键词： 肯定性应答形式 发话态度 语气成分

一、问题的提出

汉语常使用 "好"、"是"、"对"、"行" 等表示肯定性应答形式。在 APU『中国語Ｉ』中，有 14 个使用 "好"、"是"、"对"、"行" 的句子，如：

(1)【场景设置：在大学，A 和 B 是朋友】

　　A：咖啡店就在罗森对面。（カフェテリアはローソンの向いにあるよ。）

　　B1：<u>好</u>。我们去吧。　（(分かった) じゃあ、行こう。）

　　B2：好的。我们去吧。（(分かった) じゃあ/では、行こう。）

　　B3：好啊。我们去吧。（(いいね) じゃあ、行こう。）

　　B4：好吧。我们去吧。（(分かったよ) じゃあ、行こう。）。

（APU『中国語Ｉ』第 3 课）

（日译为笔者所加，下同。）

(2)【场景设置：大学生乘坐出租车，A 是乘客，B 是司机】

　　A：师傅，您好！我要去立命馆亚洲太平洋大学。

　　　（(運転手さん)すみません、立命館アジア太平洋大学までお願いします。）

　　B1：好的。（はい（分かりました)。）

B2：*a[1] 好。

B3：*a 好啊。

B4：*a 好吧。 （APU『中国語Ⅰ』第 7 课 ）

（1）对话中 B1 的回答是课文中的一个例句，B2-B4 在肯定性应答 "好" 的基础上加了 "的"、"啊"、"吧" 等语气助词。B1、B3 和 B4 日语译为「（分かった）じゃあ、」「（分かったよ）じゃあ、」。表示肯定性应答的 "好" 可以通过改变音高、音强或语速来表达，也可以通过增加一个词语成分，如 "的"、"啊"、"吧" 等来表达说话人的意图或感受。通过这些说话人可以向听话人传达 "应答" 以外的发话态度。

发话态度包括说话人的意图、心理和情感，汉语和日语都可以通过韵律变化表达，也可以在句子的开头或结尾使用感叹词和语气词表达。汉语中的语气里包含了多种发话态度的要素。徐晶凝（2000）指出，汉语语气的主要表达方式包括语调、语气助词、叹词、语气副词、句法格式和同义选择等。

发话态度有一定的规律性，对话（2）中，B2-B4 中的肯定性应答并不是语法上的病句，而是表达发话态度的语用偏误。

对于初级汉语学习者来说，要区分上述表应答的 "好"、"好的"、"好啊"、"是"、"对"、"是的" 等并非易事。在日本出版的汉语教材中，系统说明肯定性应答表现规则以及对其操练的并不多。本研究以 "好"、"是"、"对" 为中心，比较汉日语肯定性应答方式，从发话态度的视点确定表达方式，归纳表达方式的异同性。

二、汉语肯定性应答形式+语气成分发话态度的先行研究

吕（2010）对 "好"、"是"、"对" 等肯定性应答的方式做了如下分类：

（3）【好 hǎo：形容词】表示同意。

好，我依你说的办。（わかった、君の言う通りにする。）

（4）【是 shì：动词】回答是非问句

①你是司机吗？（あなたは運転手ですか。

是。（はい。）

②你是新来的吗？（あなたは新しく来た人ですか。）

---

1 * 病句，*a 表示发话态度错误。

134

是的。（そうです。）

（5）除回答"是"字问句外，"是"还用于其他应对。

①你明白了吧？（わかりましたか。）

是，明白了。（はい、わかりました。）

②你为什么要离开呢？（あなたはなぜ離れなければならなかったのか。）

是啊，我当初要是不走该多好。

（そうなんだ、あのとき、もし離れなければどんなによかったか。）

（6）【对 duì: 形容詞】相合、正确、正常

对，对，就这么办吧。（そうだ、そうだ、そうしよう。）

汉语的肯定性应答表达可以放在句子的开头（话语开头），也可以独立使用。例（4）②和例（5）②中的"的"和"啊"是汉语的语气助词，用于表达说话人的感情和意图，也可放在短语或句子的末尾（话语结束）。上述例子表明，无论是否添加语气助词，"好"、"是"和"对"这些肯定性应答表达对整个句子都没有任何影响。目前关于应答表达"好"、"是"、"对"等以及语气助词"啊"、"吧"等研究较多，但是关于应答表达中附加语气助词的研究并不多。刘丽艳（2011）、殷树林（2012）等学者以肯定式应答表达"好"、"是"作为话语标记，进行了从谓语转化为话语标记的研究。殷治纲、李爱军（2008）也对"啊、嗯"的应答表达的话语标记进行了焦点研究。李宇明（1997）在对话语境中进行了焦点"的"的研究。邵敬敏、朱晓亚（2005）将话语中具有应答功能的"好的"、"好啊"和"好了"从积极应答功能和消极应答功能的角度进行分析。崔希亮（2020）在研究言者态度时，将言语态度分为不同的意义范畴，从肯定—否定、赞赏—轻蔑等相对态度的角度分析过语气助词"吧"、"啊"、"嘛"等。然而，对汉语肯定性应答表达的发话态度及发话态度形式的研究较为有限。

据研究，传统日语中的肯定性应答表达「はい」、「ああ」、「ええ」等会因感叹词、间投词、应答词等反应而异，但田窪行则、金水敏（1997）将感叹词看作在心理信息处理过程中表现出的语音信息，进行了包括「はい」、「ああ」、「ええ」等感叹词整体话语功能的研究。但是，以日语为主的肯定性应答表达的发话态度和发话态度形式的研究并不常见。为了弥补相关研究的空缺，笔者从日语肯定性应答表达形式出发，着重考察 APU『中国語Ⅰ』课文及中文影视剧作品中使用的肯定性应答表现，拟探讨汉语肯定性应答形式"好"、"是"、"对"等与日语中的肯定性应答表现进行对比，归纳两种语言的差异。

三、肯定性应答形式 "好"、"是"、"对" +语气成分分类

为对肯定应答表达形式进行比较,我们从有日语翻译的中国电影、电视剧中抽取肯定性应答形式的 "好""是""对" 以及 "好" 是 "对" +语气成分的 130 个例句,将其分为五类:A:「はい」系统、B:「ああ」系统、C:「そう」系统、D:「わかった」系统、E:「いい」系统(见表 1。其中,C 类的派生系统,表中标记为 Ca)

表1

类别	肯定应答形式	好	好的	好啊	好吧	是	是的	是啊	是吧	对	对的	对啊	对吧	小计
A	はい	8	6			3	3			4				24
A	うん	2						1				1		4
B	ああ	3				1	2			3				10
B	ええ	1				2	1			1				5
C	そうそう									1				1
C	そうです						7	2		2				11
C	そうですね	1						2						3
C	そうですよ						1	1				2		4
C	そうだ							1		1				2
C	そうだな									1				1
C	そうだね	1												1
C	そうだよ							3				1		4
C	そうよ									2				2
C	そうさ									1				1
C	そうかい			1										1
Ca	確かに												1	1
Ca	本当だよね							1						1
Ca	だよな							1						1
Ca	だろう								1					1
D	承知しました		1											1
D	かしこまりました		3											3
D	わかりました	1	19											20
D	わかった	1	2			1								4
D	わかった、わかった	2												2
D	わかったわ	1												1
D	わかったよ								1					1
E	いいですね	1		1										2
E	いいですよ			1										1
E	いいね			1										1
E	いいよ			3	1									4
E	いいよぉ			1										1
E	いいわ	1		1								1		3
E	いいわね			1										1
E	いいだろう	1												1
F	よし	3												3
F	没翻译	1		1							1	1		4
合计		28	31	9	4	7	14	13	2	16	1	4	1	130

3.1 「はい」系统

日语中的「はい」和「うん」表肯定的判断，在应答时也表达积极的承诺和同意，同时也有一对对应的否定性应答的「いいえ」和「ううん」。这些归类为「はい」系统。在汉语表肯定性应答的"好"、"是"、"对"和"好"、"是"、"对"+语气成分的 130 个例句当中，译为「はい」和「うん」的有 28 个。"好"、"好的"、"是"、"是的"和"对"多对应于「はい」，"好"和"是啊"多对应于「うん」。「はい」和「うん」都可以对应于表肯定性应答的"好"。

(7)【场景设置：在医院的食堂，A 是医生、长辈，B 是新人医生、男】

A：行了，自己一边儿吃去吧。（自分であっちで食べろ。）

B：<u>好</u>。（<u>はい</u>。）　　　　　　　　　　　　　　　　（电视剧《谢谢你医生》）

(8)【场景设置：公司，A 是公司职员、长辈、男，B 是新人职员、男】

A：我给你介绍一下办公室的设施。（私が部屋の施設を紹介します。）

B：<u>好的</u>，麻烦您了。（<u>はい</u>、お手数をおかけします。）

（『聴く中国語』2021 年 7 月号）

(9)【场景设置：医院，A 是患者，男 B 是医生、男】

A：你来这儿，就是为了说这件事情的？（わざわざ、それを言いに来たのか。）

B：<u>是</u>。（<u>はい</u>。）　　　　　　　　　　　　　　　　（电视剧《谢谢你医生》）

(10)【场景设置：妖灵会馆，A 是访问妖灵会馆的人，B 是馆长】

A：什么都不用做？（何もしなくても？）

B：<u>是的</u>，不过需要遵守会馆法则。

（<u>はい</u>。ただ会館のルールは守っていただかなければなりません。）

（动画片电影《罗小黑战记》）

(11)【场景设置；爬山，A 是导游，B 是游客】

A：您是想在山上看日出吗？（山頂で日の出を見たいと思っていますか。）

B：<u>对</u>！（<u>はい</u>！）　　　　　　　　　　　　　　　（『聴く中国語』2020 年 8 月号）

3.2 「ああ」系统

日语的「ああ」和「ええ」用于应答时表积极的承诺和同意，没有与之对应的表否定应答的词。在汉语表肯定性应答的"好"、"是"、"对"和"好"、"是"、"对"+语气成分的 130 个例句中，译为「ああ」和「ええ」有 15 个。"好"、"是"、"是的"、"是啊"、"对"有对应「ああ」的翻译，"好"、"是"、"是的"有对应「ええ」的翻译。所有"好"、"是"、"对"和"好"、"是"、"对"+语音成分的出现频次均无过高或过低的现象，而是平均分布在各个成分中。

（12）【场景设置：电影院，A 是电影院的工作人员，B 是观众】

  A：另外，这是您的 3D 眼镜。（こちらがお客様の 3D 眼鏡です。）

  B：<u>好</u>，谢谢。（<u>ああ</u>、ありがとう。） （『聴く中国語』2020 年 10 月号）

（13）【场景设置；警察局，A 是研究人员、男，B 是警察、男】

  A：所以你的意思是，没有这个可能。

       （つまり、そのような可能性はないということですね。）

  B：<u>是</u>，你说的力量除非是超自然的，否则根本不可能。

     （<u>ああ</u>。超自然的な力でもない限り、まったくあり得ない。）

                 （电视剧《三体》）

（14）【场景设置：灵室空间，A 和 B 是妖精】

  A：看你们的样子，也是生活在人类世界中的？

      （その様子を見ると人間界でも生活しているのかい？）

  B：<u>是的</u>。我们还是有本职工作的。

    （<u>ああ</u>。本職としている仕事もあります。）

              （动画片电影《罗小黑战记》）

（15）【场景设置：塔，A 是人类女孩，B 是神】

  A：那也没有天庭咯？（天廷（神様の住む世界）もないの？）

  B：<u>是啊</u>。（<u>ああ</u>。）   （动画片电影《罗小黑战记》）

（16）【场景设置：警察局，A 是研究人员、男，B 是警察、男】

  A：刮鱼鳞的刀都可以。（魚のうろこを取るナイフでもできます。）

  B：<u>对</u>，那鱼都能做成武器。（<u>ああ</u>、魚自体も武器になるよな。）

                 （电视剧《三体》）

3.3 「そう」系统

  「そう」系统是指日语中以「そう」开头的「そうです」、「そうですね」、「そうだ」、「そうだよ」、「そうよ」等，是一种情感共鸣和同意肯定性应答形式。汉语表肯定性应

138

答的 31 个例句译为「そう」系统。从整体上看，「そうです」、「そうですよ」、「そうだよ」可翻译为相应的 "是啊" 和 "对啊"，附加语气词 "啊"，这种肯定性应答表现的出现的频率很高。

(17)【场景设置：服装店，A 是售货员、男，B 是顾客】

    A：如果您感兴趣的话，可以试穿一下看看。

            （もし気になるようでしたら、試着してみてはいかがですか。）

    B：嗯，**好**，不过，我不知道自己应该穿多大的。

        （ええ、<u>そうですね</u>、でも自分がどのサイズか、わからないですよ。）

                    （『聴く中国語』2020 年 12 月号）

(18)【场景设置：采访，A 是采访者、女性，B 是受访者、女性】

    A：这是不是您选择留在这里的原因呢？

            （それがこの場所に留まられている理由でしょうか。）

    B：**是的**，教室前面的这一条街是千住商店街的主干道，

         （<u>そうです</u>。教室は千住商店街の大通りに面しているのですが、）

                   （『聴く中国語』2023 年 5 月号）

(19)【场景设置：客栈酒吧，女子 A 和男子 B 与秦王 C 交谈】

    A：〜你们还是要多加小心哪！（〜よくよく気をつけないと。）

    B：**是啊**，赵公子，自己的母国受到了威胁，

        （<u>そうですよ</u>。（赵公子へ）自国が脅かされ、）

                   （电视剧《秦时丽人明月心》）

(20)【场景设置：学校，A 是女生，B 是男生】

    A：等一下，学弟，你现在是在跟我告白吗？

         （ちょっと待って、あんた今私に告白したわけ？）

    B：**对啊**！黄雨萱，我想跟你在一起。（<u>そうだよ</u>！黄雨萱、付き合おう！）

                    （电视剧《想见你》）

3.4 「わかった」系统

「わかった」系统是日语表同意或承诺的「わかった」、「わかりました」等。汉语表肯定性应答 32 个例句译为「わかった」。汉语中与「わかった」系统对应的肯定性应

答案集中于 "好的" 和 "好"。"好的" 往往以「わかりました」敬体的谓语形式出现，而「わかった」基本形式则不常出现。

  (21)【场景设置：深夜食堂，A 是上班族、男，B 是个爱慕 A 的上班族、女】

    A：要不你点吧！（じゃあ、君が頼んでくれない？）

    B：啊，**好**，那个，老板，我想要一份最好吃的。

          （<u>分かった</u>。店長、一番おいしいの！）（电视剧《深夜食堂》）

  (22)【场景设置：药房，A 是病人，B 是药房人员】

    A：您好，我想取药，这是大夫给我开的处方。

   （こんにちは、薬をもらいたいんです、これ、先生がくれた処方箋です。）

    B：**好的**，您稍等。（<u>わかりました</u>、少々お待ちください。）

                  （『聴く中国語』2021 年 6 月号）

  (23)【场景设置：森林，A 是花妖精，B 是树妖精】

    A：如果你想补偿，就等七果醒了，听他的吧！

      （七果が目を覚ましたら彼の言うことをきくのね。）

    B：**是**！（<u>わかった</u>！）   （动画片电影《罗小黑战记》）

  (24)【场景设置：森林，A 是人类、女，B 是妖精】

    A：试试嘛！万一不适应或比丢不开心了，我们再送它去森林。

    （試してみなよ！もし比丢がなじめなかったり、嬉しくなければ、その

      とき森に返せばいいじゃない。）

    B：嗯，**好吧**……（うん、<u>わかったよ</u>……）（动画片电影《罗小黑战记》）

3.5 「いい」系统

  「いい」系统是表说话者多种感情色彩的同意、承诺以及表达对方的称赞性同意、承诺的「いいですね」、「いいよ」等。汉语表肯定性应答 14 个例句译成「いい」系统。主要是 "好啊"、"好" 和 "好吧"。与「いいわ」对应的表达方式也是 "好啊"、"好" 以及 "好吧"。

  (25)【场景设置：衣服租赁店，A 是店员，B 是顾客】

    A：上午 9 点到晚上 8 点，可以申请延长到 9 点半。

    （午前 9 時から夜の 8 時まで、言っておいていただければ 9 時半まで

              延長できます。）

B: **好**，那就这个套餐吧！　　(いいですね、ではそのプランにします！)

(『聴く中国語』2019 年 12 月号)

（26）【场景设置：庆祝活动会场，A 是女孩，B 是女孩】

A: 你好，请问可以合影吗？

(すみません、一緒に写真をとってもらえますか。)

B: **好啊**。　　(いいですよ。)

(动画片电影《罗小黑战记》)

（27）【场景设置：道场，A 是女孩，B 是男孩】

A: 我想试试，你配合我一下。

(私、やってみたい。ちょっと協力して。)

B: **好吧**。(いいよ。)

(『聴く中国語』2019 年 2 月号)

四、"好"、"是"、"对"以及"好"、"是"、"对"+语气词表达的发话态度

4.1 「わかった」系统中"好"、"好的"的发话态度

　　「わかった」系统的"好的"常被译成日语的谦让语，例如「承知しました」以及「かしこまりました」，也被译成日语的敬体，例如「わかりました」。但在 APU『中国語Ⅰ』课文及中文影视剧作品译成日语的「わかった」等基本体的在 130 个例句中只有两个。在"好"的日译中，「わかりました」「わかった」「わかったわ」等的敬体和基本形式均有涵盖。

　　日语用谦让语、敬体以及谓语原型的句子（话语）的形式来调整不同的礼貌程度。而「わかった」系统的"好"可通过在"好"之后附加语气助词"的"来表达"礼貌"，但它没有调整不同程度"礼貌"的功能。表 2 中"好的"用于公司、商店等相对正式的公共场所，也用于表上下关系、被服务-服务关系、平级关系等。下级、服务者对上级、被服务者应答时有一定的规律，通常使用"好的"。如果偏离这种规律，说话者则表达出不同于"礼貌"的话语态度。

　　此外，终助词「ね」「よ」「わ」添加到话语的末尾，以表共鸣或同意对方所说的话，

但「わかった」系统的 "好" 不添加语气助词时，须通过音高、音强、音速来调整发话态度。

表2

	場面	対人関係	□は応答者	
好	食堂・馬車の中など	対等	社会人男性 －	社会人女性
		上下・対等など	貴族男性 －	貴族族女性
好的	会社・薬局・映画館・	上下	上司 －	部下
	水族館・観光地など	サービス 与 - 受　疎・遠	店員 －	顧客
		サービス 受 - 与　疎・遠	顧客 －	店員
		対等など	学生友人 －	学生友人

在例（28）中，虽然 B 对 A 使用命令的肯定性应答表达方式，但 B 表达了一种不满的说话态度。 这是 A 和 B 偏离 "上级、被服务者-下级、服务者的关系、上级、被服务者-下级、服务者的应答" 规则的 "好" 的说话态度的一个例子。

（28）【场景设置：在马车里，A 是贵族、男，B 是贵族、女】

　　A：你去赶车。 （お前が御者になれ。）

　　B：**好**，我给你倒茶。（<u>分かったわ</u>、いれてあげる。）

（电视剧《且试天下》）

此外，语气助词 "吧" 一般表达命令、请求、提醒和提议的说话态度，但当 "吧" 添加到「わかった」系统的 "好" 后时，则表达消极的发话态度。（如第三章例句24）

（24）【场景设置：森林，A 是人类、女，B 是妖精】

　　A：试试嘛！万一不适应或比丢不开心了，我们再送它去森林。

　　　　（試してみなよ！もし比丢がなじめなかったり、嬉しくなければ、

　　　　　そのとき森に返せばいいじゃない。）

　　B：嗯，**好吧**……（うん、<u>わかったよ</u>……）

（动画片电影《罗小黑战记》）

4.2「はい」・「ああ」系统中"好"、"好的"和"是"、"是的"、"是啊"、"对"的发话态度

如3.1所述，"好"、"好的"、"是"、"是的"、"对"有对应的「はい」，"好"、"是啊"有对应的「うん」。日语用「はい」、「うん」的人际功能来表达心理距离，因此「はい」比「うん」表达的心理距离更远，「はい」比「うん」表达的礼貌程度更高。「はい」、「うん」都没有调整发话态度的功能，而是通过选择「はい」或「うん」来确定发话态度。

表3表肯定性应答形式"是"和"对"以及"是"/"对"+语气气助词在「はい」和「うん」系统中的分布情况。当说话人的心理距离接近时，倾向于在"是""对"后加上语气词"啊"。此外，「はい」系统的"好"在示例中的场景设置和人际关系与表2「わかった」系统的"好"相同。"好的"用于公司、商店等相对正式的公共场所，也用于上下关系、被服务-服务关系、平级关系等人际关系。上下关系、被服务-服务关系中，下级、服务者对上级、被服务者应答时倾向于使用加上语气词"的"的"好的"。表3中「はい」「ああ」系统的"好的"中没有相应的「うん」「ええ」「ああ」的表达方式，这与上述发话态度的表达有关。

表3

はい	うん	ええ	ああ
好（出现频次最多）	好	好	好（出现频次较多）
是（出现频次最多）		是（出现频次较多）	是
是的（出现频次最多）		是的	是的（出现频次较多）
	是啊		是啊
对（出现频次最多）			对
	对啊		

从表3可以看出，「はい」「ええ」「ああ」都对应"是""好"，但"是""好"不完全对应「はい」「ええ」「ああ」，总体上表达不同的积极判断、承诺和同意，也没有形式上的变化。"是""好"通过改变韵律来调整说话态度。

表4的示例中说明了发出应答形式「はい、ええ、ああ」时，在对应「はい」的"是"

"好"之前的话语中，都具有祈使意味，这时发出的"是""好"的声调高低起伏大。在对应「ええ」「ああ」的"是""好"之前的话语中，具有确认事实的意思，这时发出的"是""好"，发音时间和前者的句子相同或更长，但声调高低起伏没有前面大。

表4

		「はい」前の発話の機能	「ええ」「ああ」前の発話の機能
好		相手に命令	相手へ事実の伝達
		相手への促し	相手への意向確認
		相手に許可を求める	
好的		相手へ事実の伝達	
		相手へ依頼	
是		相手へ事実の確認（反語形式）	相手へ事実の確認
		相手に命令	
是的		相手への事実の確認	相手への事実の確認

「はい」系统中的"好"和「わかった」系统中的"好"之间的发话态度的区别在于，「わかった」系统的"好"基本上是在上下级关系、被服务-服务关系中，上级对下级的应答、被服务者对服务者的应答时使用的，但「はい」系统的"好"是在上下级关系中，下级对上级的命令和请求的应答时使用。此外在说话态度的基本规则内也可以使用，这时候的说话态度是毫不犹豫的明确态度（如第三章例句7）。

（7）【场景设置：在医院的食堂，A是医生、长辈，B是新人医生、男】

A：行了，自己一边儿吃去吧。（自分であっちで食べろ。）

B：**好**。（はい。） （电视剧《谢谢你医生》）

「はい」系统的"好的"基本上是一种上下关系，从下到上都有反应，所以它没有表现出像「はい」系统的"好"那样的态度，而是一种客观的应答。「ああ」系统的"好"，就像「わかった」系统的"好"一样，基本上是在上下关系、被服务-服务关系中，上级或被服务者应答时使用。

「はい」系统的"是"和「はい」系统的"好"的说话态度的表达方式有共同点。是用于上下级关系、自下而上应答来自上级的命令和请求，在这种情况下，可以表达应答者毫不犹豫和明确的态度（如第三章例句9）。

（9）【场景设置：医院，A是患者、男 B是医生、男】

  A：你来这儿，就是为了说这件事情的？（わざわざ、それを言いに来たのか。）

  B：<u>是</u>。（<u>はい</u>。）   （电视剧《谢谢你医生》）

  如果是平等关系，应答者则可以表达庄严的态度。表4显示，除命令性要求外的「は
い」系统中的"是"和"是的"，大多是另一方对事实的客观回应，在这种情况下，"是"
和"是的"作为同一群体内的表达态度，不管关系如何都表示客观回应。

  「ああ」系统的"是"无论关系如何，都可以表应答的严肃态度。除这点以外，「は
い」系统中的"是"和"是的"大多是另一方对事实的客观回应，在这种情况下，"是"
和"是的"作为同一群体内的态度，无论关系如何，都表示客观回应。

4.3 「そう」系统中"是"、"是啊"的发话态度

  表1所示的「そう」系统中没有出现"是"。与「そうです」、「そうですね」、「そう
ですよ」、「そうだね」、「そうだよ」对应的几乎都是"是啊"（如第三章例句19）。

（19）【场景设置：客栈酒吧，女子A和男子B与秦王C交谈】

  A：～你们还是要多加小心哪！（～よくよく気をつけないと。）

  B：<u>是啊</u>，赵公子，自己的母国受到了威胁，

  （<u>そうですよ</u>。（赵公子へ）自国が脅かされ、）

              （电视剧《秦时丽人明月心》）

  虽然「そう」系统的"是啊"不具备区分敬体和谓语原型的功能，但是「そうです
＋ね/よ」调整发话态度功能是通过改变话语末尾的语调实现的。

五、结语

  本文将"好""是""对"以及"好""是""对"+语气成分分为日语的肯定性应答
表达 1.「はい」系统、2.「ああ」系统、3.「そう」系统、4.「わかった」系统、5.「い
い」系统等五种类型，并比较了汉语和日语的发话态度的表达方式。在「わかった」系
统的"好"和"好的"中，日语用改变动词的形式来表达"礼貌"的发话态度，终助词
「よ」和「ね」的存在是否取决于对自己和对方之间的同意程度，而「わかった」系统

的"好"和"好的"则根据公共和私人情况以及与另一方的关系变化而有所不同，在仅使用"好"的情况下，通过音强、音高、音速来判断和表达发话态度。

在「はい」和「ああ」系统的"是"和"对"中从「はい」、「うん」的人际功能的心理距离的角度看"是"时，话者心理距离接近时，"是"和"对"倾向于附加语气词"啊"。「はい」和「ああ」系统的"是"和"好"，不加语气助词"啊"，单独使用时不以「はい」「ええ」「ああ」换形式来表示肯定的判断、承诺和同意，而是通过改变音长、音高来调整说话的态度。另外，研究发现「そう」系统中对应「そうです＋ね/よ」的"是啊"，用"是啊"的"啊"的语调来对应日语终助词「ね」「よ」。

参考文献

崔希亮 2020. 语气词与言者态度,《语言教学与研究》第 3 期。

定延利之 2002.「うん」と「そう」に意味はあるか,『「うん」と「そう」の言語学』,ひつじ書房。

李宇明 1997. 拟对话语境中的"是的",《第五届国际汉语教学讨论会论文选》。

刘丽艳 2011.《汉语话语标记研究》,北京语言大学出版社。

吕叔湘 主編 2010.『中国語文法用例辞典』-《现代漢語八百詞 増訂本》日本語版。

邵敬敏 朱晓亚 2005."好"的话语功能及其虚化轨迹,《中国语文》第 5 期。

田窪行則 金水敏 1997. 応答詞・感動詞の談話の機能, 音声文法研究会（編）『文法と音声』,くろしお出版。

徐晶凝 2000. 汉语语气表达方式及语气系统的归纳,《北京大学学报》第 3 期。

殷树林 2012.《现代汉语话语标记研究》,中国社会科学出版社。

殷治纲 李爱军 2008."嗯""啊"类话语标记研究,《第八届中国语音学学术会议暨庆贺吴宗济先生百岁华诞语音科学前沿问题国际研讨会论文集》。

现代日语时体研究述评

－以「言語学研究会」为中心－

王学群

（东洋大学）

摘要： 本文主要以「言語学研究会」的时体研究为中心，将现代日语时体研究分为 "萌芽期"、"摸索期"、"转换期"、"发展深化期" 的四个阶段。萌芽期开始意识到了时体问题，描述了一些具体的时体形态。摸索期开始尝试着对动词进行分类，研究其对体义的影响。转换期提出了一个对时体研究十分有益的动词分类，搞清了动词词汇意义对体义的影响，及位于时间轴上的「スル」「シテイル」的有机的对立关系，从个别的形态研究升华到体系化的水平。发展深化期解决了时体在日语语法体系里的定位问题，重新确认了时体的定义问题，并随着动词分类进一步细化，对「スル」和「シテイル」的具体体义的考察也更加深入，可以说，时体研究由词法层面上升到句法层面，又由句法层面上升到篇章。

关键词： 时体 萌芽期 摸索期 转换期 发展深化期

一、引言

现代日语时(tense)体(aspect)研究起步于上世纪初叶(二十年代前后)。其研究虽然走了不少的弯路，但到了九十年代，基础性研究大体趋向成熟，进入了丰富深化的阶段。其研究大致可分为四个阶段。从松下(1901)到宫田(1948)为萌芽期，从金田一(1950)到金田一(1976)为摸索期，从奥田(1977)到工藤(1987)为转换期，从奥田(1988)到现在为发展深化期。

本文对萌芽期和摸索期只进行简单的评介，评介的重点放在转换期和发展深化期上。并考虑到在这两个时期，「言語学研究会」[1] 取得了举世公认的研究成果，占有主导地位，所以评介以该会的研究成果为主。当然在该时期，除了「言語学研究会」以外，还有不少值得注目的成果。例如：寺村(1984)的把「～スル、～シタ」、「～テイル、～テアル、～テシマウ、～テクル、～テイク」、「～(シ)ハジメル、～(シ)カケル、～(シ)コム」

---

1) 该研究会以奥田靖雄为首，成立于 1956 年 11 月。

分为「一次的アスペクト」、「二次的アスペクト」、「三次的アスペクト」的层次式时体研究;尾介(1982)的注视每个形态所具有的具体时体意义和情态意义的语义式的时体研究;森山(1984/1988)的注重动词类别的时体研究等等[2]。但因篇幅有限,这次只在引言提及。

二、萌芽期

这个时期,不少学者开始意识到时体问题,在他们的著作或论文里对一些具体的时体形态进行了一定的描述,但研究还处于比较粗浅的初级阶段。

2.1 松下(1901/1924)

松下(1901)首先使用了一些有关时体的术语。如:「現然態」(行く)、「既然態」(行っている)、「将然態」(行こうとする)。在此之前,均作为助动词的用法来加以讲解,所以可以说松下(1901)最先直接涉及到了日语的时体问题。作为时(tense)提出了「事情時」和「説話時」。即:把以说话时间点为基准的过去、未来、现在叫做「説話時」;把以事件时间点为基准的叫做「事情時」,提出了一个时的体系,但还未提出一个体的体系。松下(1924)把「既然態」分为「全既然態」和「半既然態」两种。并注意到动词本身的特点。把动词所示动作分为"瞬间性动作"和"持续性动作"。前者为「全既然態」,后者为「半既然態」。此外,松下还提出了「完全動態」(してしまう)、「予備態」(しておく)、「経験態」(してみる)等。但以上这些概念还没有归纳成章,分散在书中的若干章节里。这说明松下当时对体还没有一个明确的认识。

2.2 三矢(1908)、春日(1918)、小林(1927/1941)

三矢(1908)提出了「継続態」、「存在態」、「進行態」等三态。同时认为过去、现在、未来是时的根本区分。春日(1918)的动词一节里设有复合动词一小节。提出了十二种与体有关的术语。如:「継続」、「存在」、「完了」、「嘗試」、「将然」、「層畳」等。他的研究成果此后被佐久间继承。小林(1927/1941)在「動作態」一节里提出了「完了態」(てしまう)、「存在態」(てある、ている、ておる)、「継続態」(ている、ておる)。

---

2) 除了提及的三位学者以外,三上(1953)、仁田(1982)、铃木泰(1992)、金水(2000)、须田(2002)等也研究得很深,但因篇幅有限,只将他们的论文或专著写在了参考文献里。

2.3 佐久间(1936)

佐久间(1936)涉及时体的共有四章。与2.1、2.2 相比，佐久间(1936)对时体的研究更为全面，并把「事象・動作」的表现手段分为三种。

〔A〕「始動」…（「造語形」）「+だす」或「+はじめる」或「+かける」

〔B〕「始動」…（「音便形・造語形」）「+ている」或「+てる」

〔C〕「完結」…（「音便形・造語形」）「+てしまう」或「+ちまう、ちゃう」

在对「事象・動作」进行了以上分类以后，又把它们重新排列组合为以下五种。

I a「継動」「+ている」＝「進行継続」

I b「変動」「+ている」＝「結果現存」

IIa「継動」「+てしまう」＝「動作完結・事象終結」

IIb「変動」「+てしまう」＝「結果（変化した状態）」

III（「動詞造語形」）「+かける」…「着手して進行中または一時中止」

IV（「動詞造語形」）「+とおす」「きる」「ぬく」…「究極的遂行」

V（「動詞造語形」）「+つける」…「慣習化」

「継動」指表示持续，可能的动作或事态的动词；「変動」指瞬间的，一时的动作或事态变化动词。并把体看做动词所示的动作过程。这一见解在三十年代是非常重要和超前的。

2.4 宮田(1948)

宮田(1948)是用日语罗马字来描述日语词尾变化的，把变化后的词部分称为「分詞」。并正式使用了体(aspect)这一概念，把动词的形态"「して」+「小動詞」"叫做「様態」，分为以下几种(宮田(1948)以「書く」为例)。

虽说从佐久间(1936)之前的论述中可以窥视到现代日语体的形态雏形,但确切地讲应该说宫田(1948)才从形态(词法)学的角度为我们比较全面地描述了现代日语的体。

三、 摸索期

这个时期开始重视动词类别对体义的影响。金田一(1950)是该时期最有代表性的佳作。除了动词分类以外,还开始重视「スル」「シテイル」[3] 这一对立形态的具体体义的研究,并取得了一些重要的研究成果。

3.1 金田一(1950/1955)

当时,有把日语动词分为「他動詞」和「自動詞」、「意志動詞」和「非意志動詞」、「独立動詞」和「補助動詞」的学说,但还没有从体的角度对动词加以分类的。金田一(1950)从体的角度把动词分为「状態動詞」、「継続動詞」、「瞬間動詞」、「第四種の動詞」。金田一(1950)的四分类对当时的时体研究起了重大的推动作用,具有划时代的意义。但很有意思的是这一分类是金田一从中国留学生提出的问题中得到启发而发现的。汉语的"我明白"翻译成日语时要译为「私は分かります」。而"我知道"却要译为「私は知っています」。

「状態動詞」是指不加「…ている」也可表示状态的动词,通常表示超越时间的概念。如:「ある」「できる」等。「継続動詞」是指表示动作行为的动词,其动作行为一般在一定的时间内持续进行。如:「よむ」「書く」等加上「…ている」后表示动作的持续。「瞬間動詞」是指动作行为瞬间结束的动词。如:「死ぬ」「点く」等加上「…ている」后表示动作行为结果的存续。「第四種の動詞」是指不受时间的约束,表示某种状态的动词。这种动词总是以「…ている」的形式出现在句子里。如:「聳えている」等。

金田一(1955)把体的诸多形式归纳总结成一个体系,分为「状態相」和「動作相」。他认为日语「状態相」的时有过去和非过去两种,使用动词为「状態動詞」;「動作相」的时为完了和未完了,使用动词为「瞬間動詞」[4]。同时又认为「状態相」的体有「既然態」(「瞬間動詞」)、「進行態」(「継続動詞」或「瞬間動詞」)、「将然態」(「瞬間動詞」)、「単純状態態」(「状態動詞」)等;「動作相」的体有「終結態」(「継続動詞」)、「既現態」(「瞬間動詞」)、「始

---

3) 一般把「スル」「シテイル」作为日语动词的「完成相」、「継続相」的代名词来使用。

4) 金田一把接了「…た」表示完了和实现的持续动词也看做瞬间动词。

動態」(「継続動詞」)、「将然態」(「瞬間動詞」)、「単純動作態」(「瞬間動詞」)、「継続態」(「継続動詞」或「瞬間動詞」)等。金田一(1955)的分类继承和发展了松下、小林、佐久间等的分类, 属于意义分类。而宫田(1948)属于形态分类。

3.2 铃木(1957/1958)

铃木(1957/1958)从内容上看近似金田一(1950/1955), 从方法上看近似宫田(1948)。他称体为「すがた」, 但又注明为 "aspect"; 称时为「時」, 但又注明为 "tense"。把「シテイル」和「スル」作为一组相互对立的概念而加以定位, 并称后者为「基本態」(「単純態」)。这在当时还未曾有过, 很有独创之处。铃木(1957)把动词先分为「動作性動詞」、「状態性動詞」、「動作状態性動詞」三种。「動作状態性動詞」介于「動作性動詞」和「状態性動詞」之间, 具有二者的一些特征。然后又把「動作性動詞」分为「継続動作性動詞」和「瞬間動作性動詞」。铃木(1957/1958)虽说提出了「基本態」这一体概念, 但对体没有进行更深入的研究。与此相比, 在时方面, 他以大量的实例, 分别论证了「基本態すぎさらず」、「基本態すぎさり」、「持続態すぎさらず」、「持続態すぎさり」。

3.3 铃木/宫岛(1963)

铃木、宫岛(1963)的作者除了铃木重幸、宫岛达夫以外, 还有铃木康之、高木一彦、坂本英子。他们把相貌(体)作为动词的一个范畴, 成功地在动词形态体系中对其进行了准确定位, 虽说铃木在1957的论文中对此已有论述, 但铃木/宫岛(1963)列举大量的实例对其进行了非常有益的考察。认为日语第二中止形和「いる」「ある」「しまう」「おく」「くる」「いく」「みる」等复合后, 可以表示某一动作的多种体态。如:「よむ」 表示一个从开始到结束的完整性动作。「よんでいる」表示动作处于持续状态。「よんでしまう」主要在于把「よむ」这一动作进行到终结。描写的体形式有:「基本態」(する),「持続態」(している),「結果態」(してある),「終結態」(してしまう),「解決態」(しておく),「近づき態」(してくる),「遠のき態」(していく),「試み態」(してみる)等。

铃木/宫岛(1963)还把「シテイル」的用法归纳为:动作的进行中的状态、动作结果的状态、集合性的动作、反复进行的动作、经验记录性的动作。但在意义分类上, 有不及渡边(1962)之处, 渡边(1962)认为「シテイル」表示反复时有复数主体的"动作的集合"和单数主体的"动作的反复"之差异。并把表示经验和记录的从结果的状态中独立出来。另外, 高桥(1969)沿用铃木(1957/1958)和铃木/宫岛(1963)的时体术语, 以大量的实例论证了语言学研究会成员的体研究理论的可行性。

3.4 藤井(1966)

藤井(1966)主要考察「动词+ている」的意义, 认为「动词+ている」有"进行(今本を読んでいる)、持续(いまじっとしている)、结果的残存(いまは結婚している)、经验(既に知り合っている)、单纯状态(この道は曲がっている)、反复(今有名人がどんどん死んでいる)、存在(壁に絵が掛かっている)"等七种意义。

3.5 吉川(1973)

吉川(1973)在概念上沿用佐久间和金田一的学说, 在研究方法上继承了铃木(1957)和高桥(1969)的归纳法。吉川(1973)最大的特点是从研究体的角度对动词进行了十字形的分类。

吉川(1973)主要动词的分类图如下:

3.6 金田一(1976)

金田一(1976)是把上面所提到的论文汇总而成的一部论文集, 向人们展示了时体研究的宽阔领域以及研究方法。论文有: 金田一(1950/1955)、铃木(1957/1958)、藤井(1966)、高桥(1969)、吉川(1973)以及金田一的序、高桥的体研究小史。该论文集在当时反响极大, 但这些研究均建立在金田一的基础上, 也被后人称为「金田一段階」。

四、转换期

金田一阶段实际上是处于时体研究的摸索阶段。之所以这样说, 是因为当时还没有给体下一个准确的定义, 研究还只是停留在对某些形态的考察上, 没有形成一个完整的时体体系, 更没有上升到一个互补互助的时体体系层面。换言之, 虽说日语形态发达, 但时体的研究基本上还是停留在对个别现象的考察上，没有在形态学层面给时体进行准确的定位。另外，对动词的分类无疑会促进时体研究，但还没有找到对时体研究十分有益的分类，所以说还处于摸索阶段。为这种摸索阶段打上句号的正是奥田(1977)。该论文的发表使日语时体研究发生了重大变化。

4.1 奥田(1977)

奥田早在 50 年代就开始一边从苏联(俄国)语言学家的著作中汲取有关时体研究的精华，一边把其语法概念，语法形式，语法意义等应用于日语时体研究中，并成功地把日语时体的研究推向了一个新的阶段。最有代表性的、最早发表的就是奥田(1977)。

奥田(1977)认为，现代日语的体研究首先应该把 「スル」和「シテイル」作为基本研究对象。二者具有互补性的对立关系，是一个有机的统一整体。奥田(1977)把前者称为「完成相」，把后者称为「継続相」。从只注重某一形态的研究，上升到了一个注重时体体系的新水平，使得时体研究在一个时间坐标轴上得到了统一。这一成果为后来的时体研究打下了良好的基础。

奥田(1977)贡献其二就是对"完成相"和"持续相"[5] 所示体义进行了准确地解释。该论文的多处用不少近似的说法对"完成相"的体义进行了概述。认为完成相表示「ひとまとまり性」、「非分割性」、「ひとまとまりの動作」、「分割をゆるさない globality のなかに動作をさしだす」、「動作をまるごとさしだす」。对"持续相"的体义规定为表示持续，并把它下分成两个下位义。一个是「動作の継続」；另一个是「変化の結果の継続」。

奥田(1977)贡献其三就是「スル」和「シテイル」在意义上的对立关系主要取决于动词的词汇意义。奥田(1977)对动词分类时，排除了金田一的状态动词和第四种动词，抓住了动词的最主要的两个特征，即动作和变化，并重视它与主体、客体之间的关系，提出了一个对体研究极为有效的分类。

(金田一春彦)	(奥田靖雄)
(1)状态动词	(1)具有体体系的动词
(2)持续动词	1.1 表示主体动词的动词
(3)瞬间动词	1.2 表示主体变化的动词

---

5) 为了便于理解，此后把日语的「完成相」、「継続相」均译为"完成相"、"持续相"。

(4) 第四种动词　　　　　　　(2) 不具备体体系的动词

　　　　　　　　　　　2.1 不具备 site-iru 形态的动词

　　　　　　　　　　　2.1 只有 site-iru 形态的动词

奥田(1977)把 1.1 称为动作动词, 1.2 称为变化动词。并认为根据其与主体和客体之间的关系, 还可以再进一步细分。工藤(1995)对奥田(1977)的贡献评价如下:

(1)确认了现代日语位于形态学层面的两个时体语法范畴。(2)确认了时体的相互关系, 即时体的体系。(3)确认了体这一语法范畴与词汇意义的关联。(4)确认了体与语态(voice)的相互关系。(5)确认了时、体、语气的三位一体的关系。

奥田(1977)以后, 铃木(1979/1983)从形态(词法)学上对时体进行了准确定位; 高桥(1985)以丰富的实例对时体进行了详细的描述。铃木(1979/1983)也好, 高桥(1985)也好, 都是在采纳了奥田的理论后取得的重大研究成果。可以说是铃木和高桥把奥田的理论进一步具体化, 证明了时体是一对相互依赖, 相互依存的概念。并把二者的关系以图表的方式呈现给读者。

[时体对立关系图表]

时　体	非过去形	过去形
完成相	スル	シテイル
持续相	シタ	シテイタ

不难看出, 奥田, 铃木, 高桥等是把时体融和为一体来进行研究的。即二者(时体)是内在时间和外在时间的统一体。这样一来, 就跨越了有标和无标这一天然障碍, 从体系上对其准确地进行了定位。奥田之前的学说没有从体系上研究日语的时体, 只是注重若干个具体形态, 而忽视了对「スル」这一无标形式的研究。其结果使时体研究走了相当长的一段弯路。当然这段弯路在某种意义上就是一种探索, 没有前人的探索, 也不可能有奥田(1977)。

4.2 高桥(1985)

前面已经讲过, 高桥(1985)全面接受了奥田(1977)的时体理论, 按着奥田的理论写成了这部研究日语时体的专著。作为研究日语时体的专著, 应该说在日本这是第一部, 而且用大量的实例, 论证了日语的时体。这部书对时体的考察非常全面深入, 不仅考察了时体的基本意义, 还考察了边缘性的时体意义。

高桥在(1994)的著作里进一步对完成相和持续相的定义进行了概述, 认为: 体是观察动词所示过程的语法范畴。完成相是从外部(外部视点)对运动(动作或变化)加以完整的观察; 持续相是从内部(内部视点)对持续中(开始之后, 终了之前)的过程(运动过程或结果过程)加以观察。这一说法非常形象, 有很强的说服力。

4.3 工藤(1987)

工藤(1982)详细论述了持续相「シテイル」的用法。在此基础上, 工藤(1987)按着奥田理论把奥田所说的主体动作动词和主体变化动词分为A、B、C、D、E等五类[6]。

A 类动词:主体(人)作用于客体, 并使客体发生变化, 及物动词。如:割る, 刻む, 植える

B 类动词(1)主体(人)的动作虽作用于客体, 但客体不发生变化, 及物动词。如:動かす, 押す。(2)只表示主体(人)的动作的动词, 不及物动词。如:遊ぶ, およぐ。

C 类动词:主要表示某物的非自主性的变化, 不及物动词。如:壊れる, 折れる。

D 类动词:(1)表示使主体(人)本身发生变化的动作, 再归性的及物动词。如:抱く, 握る, 被る。(2)表示使主体发生变化的动作, 不及物动词。如:行く, くる。

E 类动词:表示非自主的生理现象、自然现象的动词, 不及物动词。如:笑う, 降る。

这几类动词体的特征明显, 均有「スル」和「シテイル」对立形, 其体义分别是:

「スル」形态		「シテイル」形态
A 类 〈ひとまとまり性＝完成性〉	〈—〉	〈動作過程の持続性＝未完成性〉
B 类 〈ひとまとまり性〉	〈—〉	〈動作過程の持続性〉
C 类 〈完成性＝ひとまとまり性〉	〈—〉	〈変化結果の持続性〉
D 类 〈ひとまとまり性(＝完成性)〉	〈—〉	〈変化結果＝動作過程の持続性〉
E 类 〈ひとまとまり性〉	〈—〉	〈動き過程の持続性〉

奥田(1977)以后, 在铃木、高桥、工藤以及其他「言語学研究会」成员的辛勤努力下, 使日语的时体研究迈出了巨大的一步, 从只重视研究某一个形态, 升华到从体系化的角度对其加以研究, 并取得了辉煌的成果, 得到了日语学界同行的肯定。

---

6) 工藤(1987)没有考察表示人的内在心理活动的动词以及没有体体系的状态动词。

五、发展深化期

现在不管哪一学派，都在使用完成相和持续相这两个术语。即使稍微有所不同，其内容也基本相同。日语的时体研究已结束了术语论争，在重点研究每个术语框架下的具体时体意义，使得时体研究更加微细，进入了令人可喜的发展深化阶段。

5.1 词法(形态)层面的时体定位问题

在发展深化阶段，奥田首先注重时体与其他形态范畴的关联，不仅使日语时体体系化，还把时体与其他形态的关联从形态(词法)学上加以说明，论述清了一个形态为什么会包含多种语法范畴的问题，从而解决了各种语法范畴在形态(词法)学层面的定位问题。奥田(1992)「動詞論」把时体与其他语法范畴的关系归总为下表[7]。奥田在这篇论文里不仅描述了终止活用形，而且还描述了连用、连体、接续等多种活用形。

[日语终止活用形表]

语气	体认定方式 时		完成相		持续相	
			肯定	否定	肯定	否定
直述法	断定	非过去	かく	かかない	かいている	かいていない
		过去	かいた	かかなかった	かいていた	かいていなかった
	推量	非过去	かくだろう	かかないだろう	かいているだろう	かいていないだろう
		过去	かいただろう	かかなかっただろう	かいていただろう	かいていなかっただろう
命令法	命令		かけ	かくな	かいていろ	かいているな
	劝诱		かこう	—	かいていよう	—

此表为终止活用形，从这表上不难看出，每一个活用形都是多种语法范畴的集合体。例如：「かいた」这一活用形，从体的角度来看它是完成相，从时的角度来看它是过去时，从认定方式来看它是肯定，从语气角度来看它是直述法(indicative mood)的断定。所

---

7) 奥田(1992)曾在北京大学国际日语研讨会上宣读。并于2015年登在『奥田靖雄著作集03』上。

以, 在日语里一个语法形式一般可以同时表示若干个语法意义。铃木(1983)论述了日语形态范畴的上位和下位问题, 认为其等级式的关系形式上应该如下:

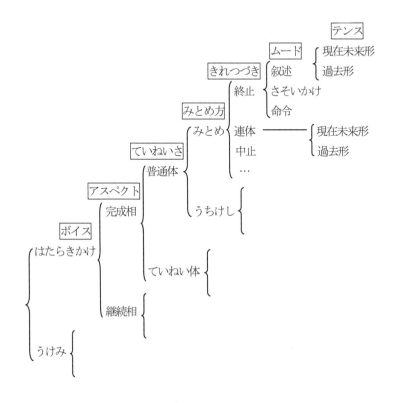

从这个等级式的锁链图上可以看出日语的体先于时, 而时则后于体。同时它也向我们展现了赋予一个日语动词谓语的多种语法范畴之间的相互关系。

5.2 时体的定义问题

日语时体研究学者多年一直想给时体下一个准确的定义。50 年前这还是一件不太容易的事。现在看来应该说不是很棘手的事了。

金田一(1954)以前基本上处于时体的萌芽时期, 还未能给时体下一个明确的定义。金田一(1954)认为:「アスペクトとは、動詞その他用言の意味する動作・作用の進行の相を示す形態のちがいである」。「テンスとは、ある動詞その他用言の意味する状態・動作・作用が、ある標準から読めた場合、時間的にそれより以前であるか、同時であるか、以後であるかを示す形態のちがいである」。

50年代, 对时体的理解还处于初级阶段, 能有这样的定义已经是很不错了。后来随着研究的深入, 其定义也逐渐完善。

铃木(1972)对体下了如下定义:「動詞の『すがた』とは、おおまかにいって、動詞のあらわす動きの、どの過程的な部分をとりたてて問題にするか、という文法的なカテゴリーである。動詞のさししめす動きが文のなかにあらわされるときには、一定のときになりたつ（なりたった）ものとして表現されるが、その一定のときにおいて、動詞の語彙的な意味のどの過程的な部分が問題にされているかをあらわすのが、《すがた》のカテゴリーである」。

这个体定义与金田一的相比有了很大的进步, 涉及到了动词的动作行为、动词的词汇意义和与时间的关联。但仅这些还不算十分准确。

铃木(1983)把体的定义改写为:「アスペクトとは運動動詞(動き動詞と変化動詞)の、ふたつの形態論的なかたちの系列からなるカテゴリーであって、基本的には運動動詞が語い的にさししめす過程を分割しないでひとまとまりのものとしてさしだすか(完成相)、それの状態的な側面をとりたてて、さしだすか（継続相）、という面から、その過程の時間的な展開を性格づけるカテゴリーである」。

这个定义是在接受了奥田(1977)的观点以后改写的。定义里加上了「その過程の時間的な展開を性格づける」这样的语句, 这是此后的动作的内在时间结构这一规定的前哨。铃木(1983)同时又认为体是一个带有动词的词汇意义的语法形式, 与时直接关联。高桥(1985)在谈到时体定义时, 提出了一个基准时间的概念, 但主要是为了说明完成相和持续相的意义差别。

高桥(2001)的时体定义如下:「アスペクトもテンスも時間に関係した文法的カテゴリーであるが、アスペクトは、動詞のあらわす運動が、基準となる時間とどのようにかかわるかについてのカテゴリーであり、テンスは動詞のあらわす運動が、時間軸上のどこに位置するか(基本的には、発話時とどうかかわっているか)にかかわるカテゴリーである」。

奥田(1988)重视 "动作的内在时间结构" 这一概念, 认为:「動詞のアスペクトチュアルな意味というものは、いくつかの動作・状態の時間的な展開の過程のなかで、いちいちの動作・状態にあたえられる、時間的な評価である」。

奥田(1993)又进一步把体的基本定义简化为:「いくつかの動作(変化・状態)のあいだの外的な時間的な関係のなかで、動作(変化・状態)それ自身がもっている、内的な時間構造をとらえる」。

工藤(1995)对体下的定义是:「アスペクトは、基本的に、完成相と継続相の対立によって示される、〈出来事の時間的展開性(内的時間)の把握の仕方の相違〉を表す文法的カテゴリーである」。

并又解释为:「アスペクトは、他の出来事との外的な時間関係のなかで、運動内部の時間的展開の姿をとらえる〉ものであって、複数の出来事の時間関係(タクシス)を表しわけるというテクスト的機能を果す」。

奥田(1988/1993)把体的研究和时的研究融和为一体,提出了内在的时间结构和外在的时间结构这两个新概念。并认为内在时间结构和外在时间结构是一个不可分开的有机的统一体。这一提法从某种意义上为多国语言时体的对比研究打下了一个良好的基础。

5.3 对「スル」体义的再认识

如前所述,基本上对「スル」「シテイル」两个形态的体义分别解释为:完成相「スル」表示一个完整的动作(变化、事件);持续相「シテイル」表示动作的持续和变化结果的持续。但是,到了九〇年代,奥田(1993)和工藤(1995)重视动词内在的词汇意义对体义的影响,又重新考察了两种形态的具体体义。

奥田(1993)把表示一次性的具体动作的完成相体义分为两个:一个是"动作、变化的界限达成";一个是完整的动作。奥田的原文是:「〈する〉というかたちの動詞は、限界へ到達した動作・変化、限界へ到達することで完結した動作・変化をいいあらわしている。限界にまでいたって、完結し、そこからさきへはつづかない、ということで、このような動作・変化をいいあらわす〈する〉は《完成相》とよばれることになる。さらに、この完成相の動詞は、《はじめ》から《なか》をへて、《おわり》にいたるまでの、ひとまとまりの動作をいいあらわすこともできる」。

奥田(1993)把完成相「スル」的体义分为两个,其依据就是动词词汇意义、句子结构和语境。动作动词的时候,表示界限达成的动作和完整的动作。变化动词的时候,表示界限达成的变化。为此,奥田(1993)还谈到了动词的分类以及各类动词的特征。因为下节将要介绍的工藤(1995)的动词分类更为详细,并且基本上是在接受了奥田学说基础上写成的,所以这里不再介绍奥田(1993)的动词分类。

5.4 工藤(1995)

工藤(1995)在奥田(1977/1988/1992/1993)等的基础上，以大量的实例，从若干个层面进一步发展和深化了日语时体研究，取得了很多对今后时体研究极为有益的成果。

工藤(1995)的研究对象是现代日语时体体系和其在篇章段落(text)层面的功能。其篇章段落是指说话主体实际使用的句子的集合，既包括会话语言材料，又包括书面语言材料。工藤(1995)最主要的部分就是"体与篇章段落"、"时与篇章段落"两章。

5.4.1 句时和句体

作为时体的上位范畴，奥田(1988)提出了「アスペクチュアリティー」和「テンポアリティー」这两个语法概念。这两个语法概念是属于句子层面的，所以笔者暂时译为句体和句时。因为日语有许多表示相貌的形式是不能在时体这一形态学层面上研究的，所以奥田就提出了句体和句时的概念，以此来把其他还未完全语法化的相貌表现手段作为研究对象收了进来。工藤(1995)把奥田的理论进一步格式化。

[工藤(1995)句时图]

句时 { 形态层面 [时]　　　　スル—シタ　、シテイル—シテイタ
　　　 词汇层面 [时间副词]　今に—今頃—今しがた、明日—今日—昨日

工藤(1995)认为以说话时间为基准的是绝对句时，而与其他事件时间为基准的是相对句时。句时是通过多种表现手段来表示事件时间结构的功能性、意义性的范畴。时是句时的最主要的部分，是完全语法化的表现手段，属于形态学层面的范畴。工藤(1995)对句体的表现手段和表现内容归纳如下。

[工藤(1995)句体的表现手段]

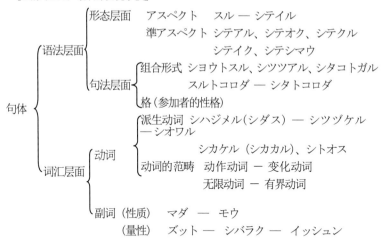

[工藤(1995)句体的表现内容]

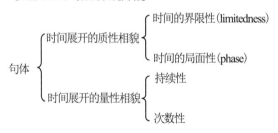

工藤(1995)认为:时间性的界定是指事件时间这一现象的个别化和具体化。句时是对各种事件的时间位置加以确认。但最主要的表现手段是形态学层面的时。时是与说话时间有着关联的外在的时间结构,具有时间的指示性。句体表示事件的各种时间性的相貌。但最主要的表现手段是形态学层面的体。体表示事件的内在时间相貌,具有时间性的界定。工藤(1995)还认为:时体是形态学层面的语法范畴;而句时和句体是功能意义型的语法范畴,处于句法层面。

5.4.2 体和篇章段落

5.4.2.1 动词分类

工藤(1995)在奥田动词分类的基础上, 把动词分为(A)外在运动动词, (B)内在情态动词, (C)静态动词三大类。具体分类如下:

(A)外在运动动词

  (A/1)主体动作、客体变化动词(「内界动词」)［及物动词］

  1. 客体发生状态变化或位置变化的动词

    状态变化动词(きざむ, きる, わる)、粘装动词(うめる, つむ, おく, つるす)

    拆卸动词(とく, つむ, とる)、移位动词(はこぶ, おろす, もどす)

    生产动词(たてる, きずく, こしらえる, つくる)

  2. 发生所有关系变化的动词(かう, かりる, もらう, しはらう)

  (A/2)主体变化动词(内界动词)

  1. 主体变化、主体动作动词［再归动词］(かぶる, きる, だく, つかむ)

  2. 人的意志(位置・姿态)变化动词［不及物动词］(いく, はいる, しゃがむ, すわる)

  3. 事物的无意志(状态・位置)变化动词［不及物动词］

    与状态变化动词相对应的(たおれる, おれる)

    与粘装动词相对应的(かかる, うえる)、与拆卸动词相对应的(おちる, はずれる)

    与移位动词相对应的(あつまる, あがる)、与出现动词相对应的(あらわれる, たつ)

  (A/3)主体动作动词(非内界动词)

  1. 主体动词、客体动态动词［及物动词］(うごかす/, ふる, ゆらす)

  2. 主体动作、客体接触动词［及物动词］(ける, さわる, たべる, 訪問する)

  3. 人的认识、语言、表现活动动词［及物动词］(みる, かぞえる, さがす, いう)

  4. 人的意志动作动词［不及物动词］(あそぶ, あるく, およぐ, はしる)

  5. 人的长期性动作动词［及物动词或不及物动词］(くらす, 経営する, つとめる)

  6. 事物的非意志动态(现象)动词［不及物动词］(うごく, とぶ, ながれる, ふく, ふる)

(B)内在的情态动词(非内界动词)

  (B/1)思考动词(おもう, かんがえる)、(B/2)感情动词(うらむ, 感動する)

  (B/3)知觉动词(おとがする, におう)、(B/4)感觉动词(つかれる, くらむ, ほてる)

(C)静态动词

  (C/1)存在动词(いる, 存在する)、(C/2)空间配置动词（聳えている, 面している)

(C/3)关系动词(にている, ちがう)、(C/4)特性动词(おおきすぎる, にあう)

5.4.2.2 体义

工藤(1995)认为现代日语「スル」「シテイル」的体义是:

	スル	シテイル
主体動作・客体変化動詞	ひとまとまり性 ＝終了限界達成性	動作継続性 (変化結果継続性)
主体変化動詞	終了限界達成性	変化結果継続性
主体動作動詞	ひとまとまり性 開始限界達成性	動作継続性

主体动作、客体变化动词是内界动词, 由于受到该类动词内在的词汇意义的影响, 「スル」的体义就是完整等于终了界限达成。「シテイル」的体义主要表示动作的持续, 但某些动词属于双重资格动词, 所以这类动词也可表示变化结果的持续。主体变化动词属于内界动词, 「スル」表示终了界限达成, 「シテイル」表示变化结果的持续。主体动作动词是非内界动词, 「スル」主要表示完整。但在一定的语言环境里也可以表示开始界限达成。「シテイル」只能表示动作的持续。为了便于理解, 各种用法举例如下:

〈主体动作・客体变化动词〉

例(1)「昨日、妹が作ってくれというのでピンポンの台を作ったよ。」[终了界限达成]

例(2)傍らで多計代がカステラを切っていた。 [动作持续]

例(3) 花子さんが、口を空けている。 [结果持续]

〈主体变化动词〉

例(4) 四五日して雪がふり大そう積った。 [终了界限达成]

例(5)地面には雪は一尺の余も積っていた。 [结果持续]

〈主体动作动词〉

例(6)ええ、とにかく殴ったんです。[完整]

例(7)店の子が窓ガラスを拭いていた。[动作持续]

例(8)女はここで烈しく声をあげて泣いた。いつまで経っても泣き…[开始界限达成]

工藤认为「スル」和「シテイル」的体义还可以进一步概括为完成和持续, 其在篇章里的功能可以概括为继起和同时, 请看下表。

形式	アスペクト的意味	テクスト的機能
スル	(限界づけられ性＝完成性)	(継起性)
シテイル	(非限界づけられ性＝継起性)	(同時性)

除此以外, 对内在情态动词的考察也是很深的。在考察这些动词的时候, 不仅考虑到篇章段落, 语境等语言背景, 还从人称和语气方面进行了考察, 得出了如下结论⑧。

スル	(全一性)	一人称	態度表明、感情・感覚表出〈現在〉
シタ	(発生性)		経歴的確認・記述〈過去〉、感情・感覚表出〈現在〉
シテイル シテイタ	(継続性)	1・2・3人称	(客観的)確認・記述

5.4.2.3 「パーフェクト(perfect)」的意义

工藤(1995)还对完了相用法进行了深入细致的考察⑨, 认为「スル」和「シテイル」是多义形态, 可以表示完了相等其他的意义, 但完了相是「スル」和「シテイル」的派生用法。工藤(1995)给完了相下的定义是:「ある設定された時点において、それより前に実現した運動がひきつづき関わり、効力をもっていること」。

工藤(1995)强调了三点:1. RT(设定时间)、ST(说话时间)、ET(事件时间)同时出现在一个句子里面。2. 从时的角度来看事件时间总是先行于设定时间。3. 完了相不仅有先行特征, 而且其运动实现以后还将继续保持效力, 是复合用法(实现+效力)。根据设定时间和说话时间之间的时间关系, 工藤(1995)把现代日语的完了相分为三种。即, 现在完了相, 将来完了相, 过去完了相。但是, 「スル」只有现在完了相。

例(9) 来年の今ごろ、わたしはもう大学を卒業している。（未来完了相)

例(10) わたしはもう中国語を三年間学んでいる。（现在完了相)

例(11) わたしはもう中国語を三年間学んだ。（现在完了相)

例(12) 去年の今ごろ、わたしはもう大学を卒業していた。（过去完了相)

完了相在篇章里的功能与「スル」「シテイル」表示基本体义时不同, 不起继起或同时的功能, 主要起使事件的时间结构一时后退的功能, 特别是在文学作品中。

---

8) 此处是以会话材料为研究对象的。

9) 笔者把日语的「パーフェクト(perfect)」暂时译为 "完了相"。

5.4.2.4 反复相

工藤(1995)认为作为派生用法日语还可以借用 「スル」「シテイル」来表示反复进行的动作行为。她把这种用法叫做反复相，反复相有以下四个特点：

1. 从体的角度来看，反复相既不同于完成相和持续相，又不同于完了相。它对运动时间体态的观察是复合性的，不具有完成相和持续相之间的对立关系。换言之，二者的对立关系在反复相用法里已被中和，相互之间可以互换使用。

2. 从时的角度来看，反复相的时间性定位不同于完成相、持续相和完了相，相对宽长。

3. 从时间性的界定来看，正因为它时间性的定位相对宽长，所以在时间性的界定上变得抽象而缺乏具体性。

4. 从广义的语气来看，「スル」「シテイル」不能表示现实性的现在，只能表示潜在性的未来。为此，反复相在篇章里主要是起背景说明的作用。

工藤认为反复和多次不一样。多次的运动跟一次性运动一样，受时间的限定，总括地表述多次的现实运动。所以，「スル」不能表示现在时。例(13)描述的是总括性的事件，而例(14)描述的是反复性的动作行为。

例(13) 夜に便所へ三度もいきました。〈多次〉

例(14) それに対して私はいつもこう答えている。〈反复〉

5.4.2.5 时体体系

工藤(1995)把时体的形态体系、体义、篇章功能等归纳为：

時間的な限定性・ムード アスペクト テンス	具体的・アクチュアル			抽象的・ポテンシャル
	完成性	継続性	パーフェクト性	反復性
未来	スル	シテイル	シテイル	(/) スル
現在	/	シテイル	シテイル　シタ	シテイル　スル
過去	シタ	シテイタ	シテイタ	シテイタ　シタ
	↓	↓	↓	↓
	継起性	同時性	後退性	背景的同時性(説明)

〈「テクスト機能=タクシス」〉

5.4.3 时和篇章段落

工藤(1995)认为在篇章里所使用的时形态, 既有以现实话语行为的时间点为基准时间(参照时间)的, 也有不以现实话语时间为基准时间的。根据这一特点, 她把篇章分为两种。一种是「はなしあい」, 另一种是「かたり」[10]。现实的话语行为要以第一人称的现在为基本时间点, 涉及人称、场所、时间。第一人称是话语的主体(说话人), 第二人称是话语的对方(听话人), 第三人称是话语的对象。与此相反, 在「かたり」的篇章里, 无论使用过去时, 还是使用非过去时, 都失去了话语里的人称和时的对立关系, 不存在与现实话语行为时间点相互关联的外在时间结构。也就是说没有说话以前<=过去>和与说话时间同时<=现在>等时意义。

小说既有第一人称的, 又有第三人称的。第一人称小说里有虚构的话语主体=我, 但第三人称小说里只有第三人称。工藤认为第三人称小说才是典型的「かたり」型篇章, 这种小说的「地の文」的过去形一般失去过去时的意义, 主要起<a present with esthetic distance>的作用。在人称方面, 第三人称已经不是话语行为的对象, 作为小说中的创作人物成为具有第一人称特性的第三人称。在话语篇章里重要的是<现在, 未来, 以前>这样的时间意义, 而在「かたり」型篇章里最重要的是若干个事件之间的时间顺序(时间指示)。所以, 话语篇章和「かたり」型篇章只有分别加以研究, 方可弄清时在这两种篇章的用法。

5.4.3.1 话语篇章里的时

工藤认为日语有两种时间表现形式, 一是语法形式(时), 一是词汇形式。并将二者归到句时之内。认为, 从其表现内容来看话语篇章里的句时可分为两类。一是以话语时间点为基准的绝对句时(absolute time reference)和以事件时间点为基准的相对句时(relative time reference)。但日语在语法形式(形态)上没有绝对句时和相对句时的区分, 终止(完句)的时候为绝对句时, 非终止的时候为相对句时。词汇形式的可以分为绝对时间副词(いまにも、今後、ちかぢか、明日)和相对时间副词(その後、翌日、翌週)。如果使用的时间副词有绝对和相对的区别, 时间指示上也就截然不同。

在话语场面里, 完成相由于受体义的影响, 不能表示显性的现在, 只能表示未来—过去。持续相具有现在、未来—过去的对立关系。完了相的「シテイル—シテイタ」也有现在、未来—过去的对立关系。但完了相的「シタ」只能表示现在完了相。反复相的「ス

---

10) 「かたり」一般指小说中(特别是第三人称小说中)的非会话部分。但非会话部分里的 "内在独白" 不包括其内。「かたり」这一概念汉语里没有, 暂时译为 "解说式叙事"。

ルーシタ」有未来、现在－过去的对立关系,「スル」可以表示非显性的现在;持续相的「シテイルーシテイタ」具有现在－过去的对立关系。

根据以上各形态的特点,工藤(1995)把话语场面的时分为非过去形和过去形。并认为话语篇章里的〈过去〉与〈叙实法〉这一〈mood〉相关联;而未来属于〈叙想法〉。

工藤(1995)还对内在情态动词作谓语时的时形式和说话人的心态等进行了考察。工藤发现当内在情态动词作谓语时,时形态的对立关系会发生很大的变化。现在时或近未来时一般用「シタ,シテイタ」这一过去形来表示。与此相反,过去时却用「スル,シテイル」这样的非过去形来表示。这时主要表示话语主体对事件所具有的心态。在这一点上汉语好像也有相似之处。例如:"我累了。"是说话人现在的内在感觉,并不是表示过去(以前)的感觉。

5.4.3.2 「かたり」篇章里的时

(1) 第三人称小说「かたり」的内部结构

工藤(1995)把物语(小说文学作品)分为「会話文」和「地の文」。认为话语部分是作品中人物的外在话语活动的直接再现。而非话语部分由「かたり」和「内的独白」两部分构成。「かたり」只是展示外在事件;「内的独白」是作品中人物的内在话语活动的直接再现。工藤认为「かたり」的主要的时形式是过去形,不以话语时间为基准时间。内在的话语活动部分与外在的话语部分一样,以内在的话语活动时间(现在)为基准时间,既使用过去形,也使用非过去形。所以,「地の文」的内在的话语部分不应看作「かたり」。

(2) 外在事件描述部分的时形式

外在事件部分的主要时形式是过去形,但它不能表示以现实话语时间点为基准的过去,只能表示客观叙事性的时间结构。如果说其体的功能是表示时间顺序的话,那么日语的完成相「した」、持续相和完了相的「していた」的功能就是表示物语世界的事件时间结构的〈继起=时间顺序〉〈同时〉〈时间性的后退〉。并说,当这种篇章复杂化后,还会作为相对时形式使用「さくや、昨日」这样的以话语时间为基准的时间副词。以此来表示〈相对未来〉〈相对现在〉〈相对过去〉。这样一来,就形成了一个过去形和非过去形相互争艳的局面。例如:持续相「シテイル」多用于描述作品中人物的感觉。

(3) 描述内在心理意识部分的时形式

描述作品中人物的内在思考部分,作为对其内在独白的直接再现,与话语部分一样是以内在的话语时间点为基准而使用时形式的。由于是内在心理部分,语气也频繁登场。

但内在的思考部分也有非过去形和过去形的交替使用现象。工藤认为这是视点的差异造成的, 把本来的现在形改为过去形是一种双重视点的描述技巧。

(4) 解说部分的时形式

当「スル」「シテイル」「シタ」「シテイタ」这四个形态用在表示反复性的动作行为的时候, 其时间性的界定就越发抽象化, 可以用来表示<解说=背景的说明>。这时过去形和非过去形可以相互交替使用。但表示非反复性的动作行为的时候, 一般用过去形。

(5) 纪实文学作品的时形式

工藤(1995)从时体的角度, 把纪实文学作品分为两种。一种是经验型的纪实文学作品, 一种是非经验型的纪实文学作品。纪实文学作品的过去形与话语世界一样, 也是<回想式的过去>。但非过去形却有文体效果作用, 给读者一种身临其境之感。经验型的纪实文学作品主要指报告, 纪行, 自传等, 是话语主体(作者)的过去经历的再现。非经验型的纪实文学作品主要指依据资料, 记录材料等来间接地描述历史性的事实。

除了以上介绍了的以外, 工藤(1995)还考察了时间从属复句的时体等问题, 但因篇幅有限不再介绍。

六、结语

本文主要以「言語学研究会」为中心, 将现代日语时体研究分为四个阶段, 对其进行了评介。

萌芽期, 开始对一些具体的时体形态加以描述, 但研究还比较粗浅。处于时体研究的初级阶段。该时期的代表学说为佐久间(1936)和宫田(1948)。

摸索期, 开始注意到动词类别对体义的影响, 出现了若干个有关动词分类的学说, 但影响最大的还是金田一(1950)的四分法。这个时期还开始重视「スル」「シテイル」这一对立形态的研究, 取得了一些重要的研究成果。

转换期, 这个时期的代表作就是奥田(1977), 该论文的问世, 使日语的时体研究向前迈出了巨大的一步。找到了一个对时体研究十分有益的分类, 从只重视研究某一个形态, 升华到从体系化的角度对其加以研究。奥田(1977)之后的高桥(1985)和工藤(1987)均是该时期时体研究的佳作。

发展深化期, 在这个时期, 主要从五个方面对时体进行了研究。1. 解决了时体在日语语法体系里的定位问题; 2. 重新确认了时体的定义问题; 3. 对动词进一步进行了下位分

类, 4. 重新考察了「スル」和「シテイル」的具体体义; 5. 时体研究由词法层面上升到句法层面, 又由句法层面上升到篇章。奥田(1993)、工藤(1995)是该时期的代表作。

　　总之, 现代日语时体问题研究经过几代学者几个时期的辛勤耕耘, 已由个别形态的研究发展到重视时体体系, 并又由重视时体体系发展到篇章段落, 取得了丰硕的成果。奥田(1977)扭转了日语时体研究徘徊不前的局面, 使其有了飞速的发展, 可以说他为日语学界的时体研究做出了重大贡献。工藤在奥田时体理论的基础上, 以大量的实例对日语时体进行了深入细致的研究, 使其向更宽阔的领域迈出了可喜的一步。

七、余论

　　工藤真由美教授于 2004 年主编了『日本語のアスペクト・テンス・ムード体系—標準語研究を超えて—』一书, 把现代日语时体的研究成果应用到了日语方言时体研究上。该书中登载了八名日本方言专家有关日语方言时体研究的成果, 具有一定的影响力。

　　另外, 在经历体研究方面, 高桥太郎和工藤真由美也写了不少很有价值的论文, 尤其是工藤(1989)在「現代日本語のパーフェクトをめぐって」一文里详细论述了日语经历体「シタコトガアル」的各种用法以及与其他形态的异同。笔者也在工藤(1989)的基础上, 于 2021 年发表了一篇日汉经历体的对比研究论文。

　　2000年以后, 日语学界在时体研究方面也发表了不少质量很高的论文和专著, 在这里主要提一下须田(2010), 该专著不仅对奥田和工藤的有关时体的定义进行了一些修正, 而且对各层面的体义以实例进行了非常详细的描述和分类, 在日语学界得到了好评。

参考文献

松下大三郎 1901.『日本俗語文典』誠文堂

松下大三郎 1924.『標準日本文法』紀元社

三矢重松 1908.『高等日本文法』明治書院

春日政治 1918.『尋常小学国語読本語法研究』修文社

小林好日 1927.『国語国文法要義』京文社

小林好日 1941.『国語学の諸問題』岩波書店

佐久間鼎 1936.『現代日本語の表現と語法』厚生閣

宮田幸一 1948.『日本語文法の輪郭』三省堂

金田一春彦 1950.「国語動詞の一分類」『言語研究』15

金田一春彦 1955.「日本語動詞のテンスとアスペクト」『名古屋大学文学部研究論集』X（文学4）

三上章 1953.『現代語法序説』刀江書院

鈴木重幸 1957.「日本語の動詞のすがた（アスペクト）」言語学研究会報告

鈴木重幸 1958.「日本語の動詞のとき（テンス）とすがた（アスペクト）」言語学研究会報告

鈴木重幸 1972.「日本語文法・形態論」麦書房

鈴木重幸 1983.「形態論的なカテゴリーについて」『教育国語』72, 麦書房

鈴木重幸 1996.『形態論・序説』麦書房

渡辺義夫 1962.「日本語のアスペクト序説」言語学研究会報告

鈴木重幸、宮島達夫 等 1963.『文法教育―その内容と方法』麦書房

藤井正 1966.「『動詞+ている』の意味」『国語研究室』5, 東京大学

高橋太郎 1969.「すがたともくろみ」教育科学研究会文法講座テキスト

高橋太郎 1985.『現代日本語動詞のアスペクトとテンス』秀英出版

高橋太郎 1994.『動詞の研究』麦書房

高橋太郎 2001.『日本語の文法』（大学テキスト）

吉川武時 1973.「現代日本語動詞のアスペクトの研究」『Linguistic Communications』（Monash）9

金田一春彦 編 1976.『日本語動詞のアスペクト』麦書房

奥田靖雄 1977.「アスペクトの研究をめぐって―金田一的段階―」『国語国文』8, 宮城教育大学

奥田靖雄 1988.「時間の表現(1)」『教育国語』94, 麦書房

奥田靖雄 1988.「時間の表現(2)」『教育国語』95, 麦書房

奥田靖雄 1992.「動詞論」（北京大学国際日语研讨会宣讲稿）

奥田靖雄 1993.「動詞の終止形(1)」『教育国語』2-9, 麦書房

奥田靖雄 1993.「動詞の終止形(2)」『教育国語』2-12, 麦書房

奥田靖雄 1993.「動詞の終止形(3)」『教育国語』2-13, 麦書房

工藤真由美 1982.「シテイル形式の意味記述」『人文学会雑誌』13-4, 武蔵大学

工藤真由美 1987.「現代日本語のアスペクトについて」『教育国語』91, 麦書房

工藤真由美 1989.「現代日本語のパーフェクトをめぐって」『ことばの科学』3, 麦書房

工藤真由美 1993.「小説の地の文のテンポラリティー」『ことばの科学』6, 麦書房

工藤真由美 1995.『アスペクト・テンス体系とテクスト』ひつじ書房

工藤真由美 1996.「否定のアスペクトと・テンス体系とディスコース」『ことばの科学』7, 麦書房

工藤真由美 1998.「非動的述語のテンス」『国文学解釈と鑑賞』63-1, 至文堂

工藤真由美 2000.「否定の表現」『時・否定と取り立て』岩波書店

工藤真由美 2001.「アスペクト体系の生成と進化」『ことばの科学』10, 麦書房

工藤真由美 2004.『日本語のアスペクト・テンス・ムード体系―標準語研究を超えて―』ひつじ書房

BERNARD COMRIE 著 山田小枝 訳 1988.『アスペクト』麦書房

尾介圭介 1982.「現代日本語のテンスとアスペクト」『日本語学』1-2, 明治書院

仁田義雄 1982.「動詞の意味と構文―テンス・アスペクトをめぐって―」『日本語学』1-1, 明治書院

寺村秀夫 1984.『日本語のシンタクスと意味II』くろしお出版

森山卓郎 1984.「アスペクトの意味の決まり方について」『日本語学』3-12, 明治書院

森山卓郎 1988.『日本語動詞述語文の研究』明治書院

鈴木泰 1992.『古代日本語のテンス・アスペクト』ひつじ書房

金水敏 2000.「時の表現」『時・否定と取り立て』岩波書店

須田義治 2002.「現代日本語のアスペクト論」(东京外语大学博士論文)

須田義治 2010.『現代日本語のアスペクト論』ひつじ書房

王学群 2021. 日本語の「シタコトガアル」と中国語の"V 过"について『新世紀人文学論考』第 4 号

　　附记：拙稿还处于构思阶段, 就有幸得到了现代日语时体研究的先驱铃木重幸、宫岛达夫、高桥太郎、铃木康之、高木一彦、铃木泰等各位大师的热情指导, 在此深表谢意。

中国語文法研究 2023 年巻
Journal of Chinese Grammar June 2023

発行日　2023 年 6 月 15 日

編　集 中国語文法研究会

〒574-0013　大阪府大東市中垣内 3-1-1
大阪産業大学国際学部　張黎研究室
Tel：072-875-3008　内線 4528
E-Mail：zhangli@las.osaka-sandai.ac.jp

発行所 株式会社 朋友書店

〒606-8311　京都市左京区吉田神楽岡町 8 番地
Tel：075-761-1285／Fax：075-761-8150
フリーダイヤル：0120-761285
E-Mail：hoyu@hoyubook.co.jp
ホームページアドレス（网址）：http://hoyubook.co.jp/
ISSN 2186-4160

基于比较的汉语教学法

（中日比較による中国語教授法）

王占华著

A5 判上製・164 頁　4,400 円（税込）

学習者の母語と対象語との比較を基礎とする外国語教育法である比較法に依る中国語教授法。中国語と日本語を積極的に「意識的比較」することで有意義かつ効率的な中国語教学を目指す。

语义蕴涵与句法结构及话语理解

YUYI YUNHAN YU JUFA JIEGOU JI HUAYU LIJIE

王占华著

A5 判上製・219 頁　6,050 円（税込）

本書は意味論・談話分析・認知言語学の理論に基づき、中国語の「道具動詞」「形式動詞」「移動表現」「"在"構文」「了」「"把"構文」「目的語」「方向補語」「結果補語」「足量表現」などを語の意味的特徴、会話含意、出来事構造(event structure)、話者の主観性の視点より、それぞれの文構造との関係を分析し、新たな結論・観点を提出する。

日本語と中国語の誤用例研究

藤田昌志著

A5 判上製・163 頁　2,750 円（税込）

従来別々に研究されてきた、日本語の誤用例研究と中国語の誤用例研究を一つの分類基準から検討する新しい研究書。「Ⅰ　解題」「Ⅱ　中国語を母語とする日本語学習者の誤用について」「Ⅲ　日本語を母語とする中国語学習者の誤用について」の三部よりなる。

中日両言語における形式動詞の対照研究

楊華著

A5 判並製・173 頁　4,400 円（税込）

中国語と日本語の対照研究の立場から、中日両言語の形式動詞と形式動詞結合のあらわれ方と様々な特徴及びその用法を整理・分析し、形式動詞とその周辺を比較・対照することを目的とする。

中国語歴史文法

太田辰夫著

A5 判並製・452 頁　3,960 円（税込）

現代中国語文法の歴史的研究についての名著、待望の復刊。現代語から出発し、現代語を体系づけたうえでその文法語彙の歴史的来源を探り、その発展を跡づける。歴史的な立場をはなれ、現代語としての文法の概要を述べる第 1 部と、詞論を主とし、歴史的な立場から現代語文法を考察する第 2 部からなる。中国語文法のみならず、近現代文学・歴史など多方面の研究にも資する。原書を復刻し、正誤表を付す。

朋友書店

〒606-8311　京都市左京区吉田神楽岡町 8 番地
TEL（075）761-1285　フリーダイヤル 0120-761285
FAX（075）761-8150　振替 01010-5-41041
E-mail：hoyu@hoyubook.co.jp

關西外國語大學孔子學院

　関西外国語大学孔子学院は2009年9月に北京語言大学を中国側の協力大学として設立されました。現在、関西外国語大学孔子学院には中国語教育センター、中国語教員養成センター、中国留学・就職準備教育センター、中国語試験センター、現代中国研究センター、中国文化活動センターが設置され、中国語の国際的普及と中国文化の理解促進にかかわる活動を行っています。
　毎年恒例となった中国語作文コンクールや大阪府内中国語スピーチ・朗読コンテストは、学生たちが入学してから学び始めた中国語の成果を発揮する絶好の機会になっています。中国語学習を機に、中国文化への理解を深めた学生たちから、習得した力を存分に活かした優秀な作品が数多く集まっています。
　感染症の流行や国際情勢が大きく変動する中でも、学生たちが中国の文化に触れ、関心を持ち続けられるよう、活動を継続していきます。

『大阪府内中国語スピーチ・朗読コンテスト』

　「大阪府内中国語スピーチ・朗読コンテスト」は8回目を迎えました。関西外国語大学生はもとより、大阪府内から一般の参加者が集い、日々の練習の成果を発揮しました。

『中国語作文コンクール』

中国語を学習する中で感じた思いや、中国留学中のできごと、中国文化に触れた感想など、感性豊かに綴られた多くの作品が集まっています。

HSK・HSKK試験

年間3回、HSK・HSKK（HSKKは年1回）試験を実施しています。
試験前には直前対策講座を開講するなど、学生がチャレンジしやすいよう啓発、推進しています。

関西外国語大学孔子学院の今後の主な活動予定

【10月～12月】
　第11回孔子学院作文コンクール、第9回大阪府内中国語スピーチ・朗読コンテスト
　第3回HSK試験

関西外国語大学孔子学院事務局（関西外国語大学御殿山キャンパス・グローバルタウン内）

〒573-1008 大阪府枚方市御殿山南町6-1　Tel：072-805-2709　Fax：072-805-2767
http://www.kansaigaidai.ac.jp/special/confucius/
E-mail：kongzi@kansaigaidai.ac.jp

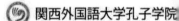 関西外国語大学孔子学院